U0105562

當代中國外交

張清敏 著

前言

隨著經濟、社會持續穩定的發展，中國已經站在了世界聚光燈下。向中國投來的目光中，有欣賞，也有疑慮；有讚揚，也有批評；有歡迎，也有質疑；但更多的則是期待。

幾十年中國外交的實踐表明，中國外交既具有外交實踐普遍的和國際的特點，更具有中國的民族和文化特色；中國外交的經驗既是中國外交的寶貴財富和中國外交未來發展的依託和基礎，也是對國際上外交理論學的重大貢獻。

外交是「用和平手段來調節和處理國與國之間的關係」。自民族國家產生以來，外交在協調國家間關係、維護世界和平、促進人類進步方面發揮了積極和重要的作用。在全球化的今天，國家之間的聯繫更加密切，外交成為當今世界最具活力和最具影響的國際政治。

外交是聯繫中國與世界的紐帶。中國外交旨在處理好中國與外部世界的關係：參與國際事務，融入世界，同時也增加世界對中國的了解。新中國外交的演進過程反映了不同歷史時期中國與世界關係的狀況。中國對世界的影響和世界對中國的影響都前所未有，世界的機遇是中國的機遇，中國的機遇也將轉變為世界的機遇。在這一過程中，中國外交發揮了關鍵的作用，與此同時中國外交也日益完善和成熟。

外交是「國家以和平手段對外行使主權的活動」，是一國實施其對外政策的重要工具，但並非唯一工具。國家綜合國力是外交的基礎和後盾，但外交不是炫耀武力，而是「運用智力和機智處理各獨立國家的政府之間的官方關係」。外交的本質要求和首要特點在於其和平性質。

獨立自主、愛好和平，是中國外交的兩大本質特徵和中國對外政策的基石。維護世界和平、促進共同發展是中國外交政策的宗旨。在國際上，中國主張和平解決國際爭端和熱點問題，反對動輒訴諸武力或以武力相威脅，反對顛覆別國合法政權，堅持在和平共處五項原則基礎上全面發展同各國的友好合作。

▲ 二〇一三年十月八日，中國駐美大使崔天凱在美國華盛頓約翰・霍普金斯大學國際問題高級研究學院發表演講，其間他舉出自己手書的「和平」二字，闡明這是中國外交的基本理念。

「外交是對外政策實施的過程。」國家對外政策的目的是為了維護國家利益，作為落實對外政策工具的外交，其主要任務和功能也是維護國家利益。中國外交堅決維護國家核心利益，包括國家主權、國家安全、領土完整、國家統一、中國憲法確立的國家政治制度和社會大局穩定、經濟社會可持續發展的基本保障等。中國外交在維護國家利益和中國公民、法人在海外合法權益的同時，充分尊重他國維護本國利益的正當權利，在實現本國發展的同時，顧及他國的正當關切和利益，編織緊密的共同利益網絡，使各國成為利益交融的命運共同體。

外交是國家大政方針的重要部分，隨著國內環境的變化和國家大政方針的變化，外交戰略也不斷發生變化。在新中國成立後相當一段時間內，中國外交的主要任務是為了維護國家的獨立和領土主權的完整。在國內工作重心轉移到經濟建設上後，中國外交的任務是服務發展，促進發展，為全面建成小康社會營造良好的外部環境。當今中國外交的任務，是服從和服務於實現「兩個一百年(到 2020 年全面建成小康社會，到本世紀中葉建成社會主義現代化國家)」奮鬥目標、實現中華民族偉大復興。

「外交是獨立國家通過官方行為對外行使主權的行為」，「外交無小事，大權在中央」，外交工作的性質要求從頂層設計角度對中長期的外交工作有戰略規劃。中國是由中國共產黨領導的社會主義國家，中國共產黨中央委員會、政治局及其常務委員會是黨和國家對外政策的決策機構。為保障中央對外交和外事工作的集中統一領導和中央的決策能順利實施，中國外交機制建設在完善，體制機制在理順，外交和外事管理工作在加強與規範化。

外交具有鮮明的時代特點。外交的形態、方式、手段等既受國際力量對比的制約，也受到一定歷史時期的國際慣例、國際規範的影響。中國外交走上成熟的過程，也是適應、接受並對外交規範作出貢獻的過程。外交議程的擴展、利益攸關方增加、溝通密集的多元化等新形勢再一次推動外交的轉型。適應形勢的變化和時代的要求，中國將開展同各國政黨和政治組織的友好往來，加強人大、政協、地方、民間團體的對外交流，夯實國家關係發展社會基礎。

外交不僅具有世界性和國際特色，更具有民族性和國家特色。中國外交的特色源自於中國豐富的傳統文化，親仁善鄰，以和為貴；立足於中國作為發展中國家的基本國情，堅持走和平發展道路；植根於中國堅持的社會主義理念，在外交和國際事務上把中國人民的利益同世界各國人民的共同利益結合起來。這些特色體現在中國外交的實踐中，也是中國外交前進的動力和指南。

外交是內政的延續。國內政治決定一個國家對外政策和外交的性質。全球化的發展使內政和外交之間的界限越來越模糊，兩者的互動更加廣泛和深入。中國共產黨中央從統籌國內國際兩個大局出發，重視對外交和外事工作的統籌協調，強調外交工作必須內外兼顧、通盤籌劃、統一指揮、統籌實施，要求中央和地方、政府和民間、涉外各部門牢固樹立外交一盤棋意識，各司其職，形成合力，實現中國外交的總體目標。

中國在與世界兩性互動中融為一體，中國的發展離不開世界，世界的和平也需要中國的合作和貢獻。本書旨在儘可能簡潔並全面地介紹在這個中國與世界互動過程中，中國外交發展變化的歷程，闡述中國與世界主要國家和地區關係發展變化的狀況及其原因，中國在重大國際問題上的立場和政策，展現中國外交的顯著特色。

目錄

前言

第一章・中國外交的宗旨

第二章・中國外交的原則

012 獨立自主外交政策的發展

021 獨立自主的內涵

024 反對分裂，維護國家統一和領土完整

032 按照「一國兩制」收回香港和澳門主權

038 反對民族分裂，維護國家統一

第三章・中國的多邊外交

046 全面參與國際機制，積極拓展多邊外交

053 在聯合國框架內發揮建設性作用

065 在解決全球問題上發揮建設性作用

075 推動地區熱點問題的解決

第四章・中國外交的佈局

090 和平共處五項原則的發展

093 保持與發達國家關係的穩定和平穩發展

113 加強同周邊國家的睦鄰友好

130　鞏固同廣大發展中國家的團結合作

第五章・中國外交的拓展

146　不斷擴大的外交領域

169　多層次的對外交往

結語

第一章

中國外交的宗旨

堅定不移地走和平發展道路，是中國人民的真誠願望和毫不動搖的選擇。

建設持久和平、共同繁榮的和諧世界，是中國外交的基本理念和不懈追求。

中國是世界四大文明古國之一，在歷史上創造了燦爛輝煌的文明，在與周邊民族和國家的關係中，形成了以中華文化為核心、以道義為基礎的和諧關係，史稱「華夷秩序」或「朝貢體系」。

十九世紀，西方列強利用砲艦打開了中國的國門。在一八四〇年鴉片戰爭以後的一百多年裡，中國遭受了一次次侵略戰爭，淪為半殖民地半封建國家。消除戰爭，實現和平，建設獨立富強、民生幸福的國家，是近代以來中國人民孜孜以求的奮鬥目標。

中國共產黨領導中國各族人民，在經歷了長期艱難曲折的鬥爭後，推翻了帝國主義、封建主義和官僚資本主義的統治，取得了新民主主義革命的勝利，於一九四九年建立了中華人民共和國。中國外交從此揭開了新的一頁。

新中國政府高舉和平、發展、合作的旗幟，堅持獨立自主的和平外交政策。一九四九年九月三十日，中國人民政治協商會議制定的具有臨時憲法作用的《共同綱領》規定：「中華人民共和國外交政策的原則為保障本國獨立、自由和領土主權的完整，擁護國際的持久和平和各國人民之間的友好合作，反對帝國主義的侵略政策和戰爭政策。」

一九五四年頒佈的新中國第一部憲法肯定了上述內容，向全世界宣佈：「在國際事務中，我國堅定不移的方針是為世界和平和人類進步的崇高目的而努力。」半個多世紀以來，不管是在處理與大國的關係上，還是

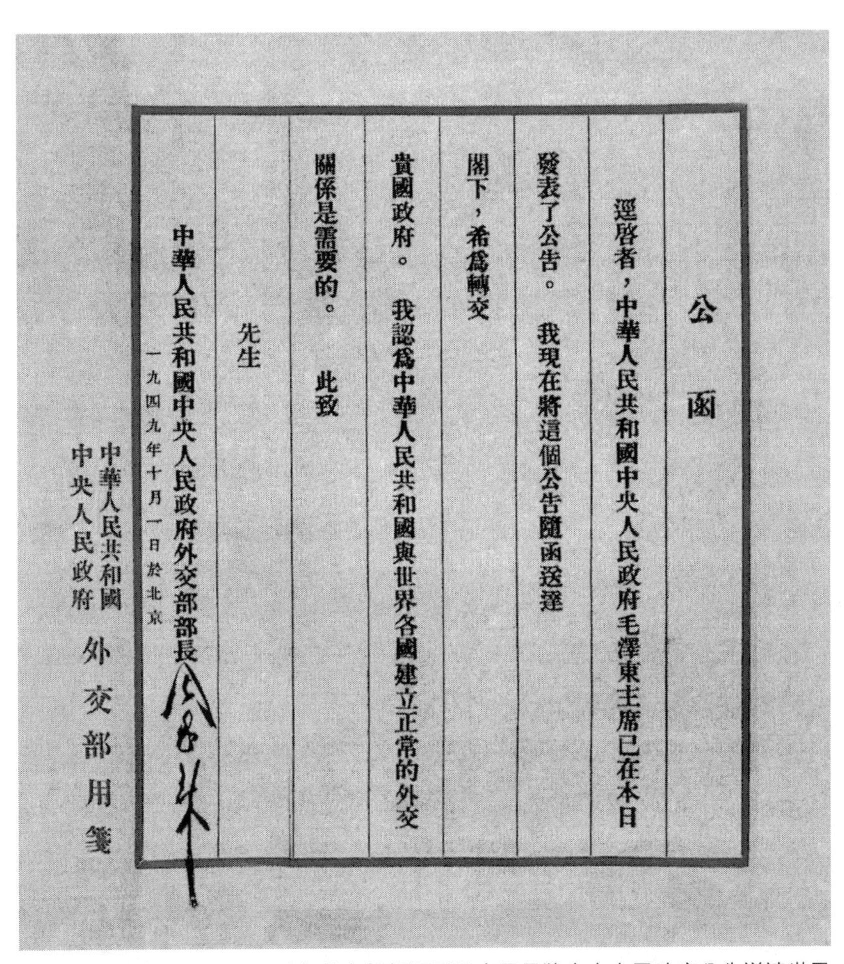
公函

逕啓者，中華人民共和國中央人民政府毛澤東主席已在本日
發表了公告。我現在將這個公告隨函送達
閣下，希爲轉交
貴國政府。我認爲中華人民共和國與世界各國建立正常的外交
關係是需要的。此致
先生

中華人民共和國中央人民政府外交部部長

一九四九年十月一日於北京

中華人民共和國
中央人民政府 外交部用箋

▲ 一九四九年十月一日，時任外交部部長周恩來具函將中央人民政府公告送達世界各國政府，表示新中國願與各國建立正常外交關係。

▲ 一九八七年五月，聯合國秘書長佩雷斯·德奎利亞爾贈給中國領導人鄧小平一隻銅鍍金和平鴿，表達了聯合國對中國作為維護世界和平與穩定的一支重要力量的讚賞和肯定。

在解決與鄰國的歷史遺留問題上，抑或是在與中國切身利益沒有直接關係的國際爭端和地區熱點問題上，中國都主張採取和平手段，反對使用武力，或以武力相威脅。

一九七八年實行改革開放政策以來，中國根據國際形勢的變化，把握和平與發展兩大時代主題，堅持以經濟建設為中心，強調外交為國內經濟建設創造良好的國際環境和周邊環境，高舉和平大旗，穩定與大國關係，加強與周邊國家睦鄰友好，鞏固與廣大發展中國家的傳統友誼，積極參與多邊外交，倡導以和平共處五項原則為準則建立國際政治經濟新秩序。

根據新時期的國際環境，中國在主張建立國際政治經濟新秩序的基礎上，積極推進世界多極化進程，提倡國際關係民主化和發展模式多樣化，陸續提出了新安全觀、新文明觀、新發展觀及「與鄰為善，以鄰為伴」的周邊外交方針，在追求自身發展和強大的同時，努力實現與他國和平共處、共享繁榮。

二〇〇五年四月，中國國家主席胡錦濤在雅加達亞非峰會的講話中提出：亞非國家應推動不同文明友好相處、平等對話、發展繁榮，共同構建一個和諧世界。在同年九月聯大會議上，他又系統地闡述了「建設持久和平、共同繁榮的和諧世界」，形成了具有中國特色的新世界觀。

建設和諧世界是中國外交理念的一種繼承昇華，它強調在承認世界多元性、利益差異性、文明多樣性的前提下，以和平、合作的方式協調利益，化解矛盾，追求共贏，謀求各方最大的共同利益，達到雙贏或多贏的目的。「和諧世界」也是中國傳統文化在對外交往中愛好和平、講信修睦、協和萬邦思想的體現，與《聯合國憲章》精神一致，與中國對內政策相統一，體現了中國和平發展與促進世界穩定繁榮的統一，體現了中國人民的根本利益與世界人民根本利益的統一。

建設一個持久和平、共同繁榮的和諧世界，是中國走和平發展道路的崇高目標。中國認為，和諧世界應該是民主的世界，和睦的世界，公正的世界，包容的世界。為了實現這個目標，中國外交主張並遵循以下原則：

堅持民主平等，實現協調合作。各國應在《聯合國憲章》及和平共處五項原則的基礎上，通過對話、交流與合作，促進國際關係民主化。各國內部的事情應由各國人民自己決定，世界上的事情應由各國平等協商解決，發展中國家在國際事務中理應享有平等參與權與決策權。各國應互相尊重，平等相待，不將自己的意志強加於人，不將自身的安全與發展建立在犧牲他國利益基礎之上。在處理國際關係時，堅持從各國人民的共同利益出發，努力擴大利益的交匯點，在溝通中增強了解，在了解中加強合作，在合作中實現共贏。

堅持和睦互信，實現共同安全。各國應該攜起手來，共同應對全球安全威脅。摒棄冷戰思維，建立以互信、互利、平等、協作為核心的新安全觀，通過公平、有效的集體安全機制，共同防止衝突和戰爭，通過合作儘可能消除或降低恐怖主義活動、金融風險、自然災害等非傳統安全問題的威脅，維護世界和平、安全與穩定。以和平方式，通過平等協商和談判解決國際爭端或衝突，共同反對侵略別國主權的行徑，反對干涉別國內政，反對任意使用武力或以武力相威脅；加強國際反恐合作，堅持標本兼治，重在消除根源，堅決打擊恐怖主義；按照公正、合理、全面、均衡的原則，實現有效裁軍和軍備控制，防止大規模殺傷性武器擴散，積極推進國際核裁軍進程，維護全球戰略穩定。

堅持公正互利，實現共同發展。經濟全球化應堅持以公正為基礎，實

▲ 二〇〇五年九月十五日，中國國家主席胡錦濤在聯合國成立六十週年首腦會議上發表題為《努力建設持久和平、共同繁榮的和諧世界》的重要講話。

▲ 二〇一三年四月七日，在博鰲亞洲論壇二〇一三年年會上，中國國家主席習近平發表主旨演講，題為《共同創造亞洲和世界的美好未來》。

現平衡有序發展，使各國特別是廣大發展中國家普遍受益，而不是使南北差距更加擴大。推動經濟全球化朝著有利於共同繁榮的方向發展，發達國家應為實現全球普遍、協調、均衡發展承擔更多責任，發展中國家要充分利用自身優勢推動發展；積極推進貿易和投資自由化、便利化，消除各種貿易壁壘，進一步開放市場，放開技術出口限制，建立一個公開、公正、合理、透明、開放、非歧視的國際多邊貿易體制，為世界經濟有序發展構建良好的貿易環境；進一步完善國際金融體系，為世界經濟增長營造穩定高效的金融環境；加強全球能源對話和合作，共同維護能源安全和能源市場穩定。應積極促進和保障人權，使人人享有平等追求全面發展的機會和權利；創新發展模式，促進人與自然和諧發展，走可持續發展之路。

堅持包容開放，實現文明對話。文明多樣性是人類社會的基本特徵，也是人類文明進步的重要動力。各國應尊重彼此自主選擇社會制度和發展道路的權利，相互借鑑，取長補短，使各國根據本國國情實現振興和發展。應加強不同文明的對話和交流，努力消除相互的疑慮和隔閡，在求同存異中共同發展，使人類更加和睦，讓世界更加豐富多彩。應維護文明的多樣性和發展模式的多樣化，協力構建各種文明兼容並蓄的和諧世界。

最新一屆中國政府組成後，中國國家主席習近平提出了中國夢思想，並在重要外交場合闡述了中國夢的世界意涵。他指出，中國夢是和平、發展、合作、共贏的夢，與各國人民的美好夢想息息相通；中國人民願同各國人民一道，攜手共圓世界夢。中國夢將中國復興與世界進步融為一體，成為連接中國與世界的重要紐帶。

在外交上，習近平主席提出中國外交秉持公道正義，堅持互利共贏。對周邊和發展中國家要更多考慮對方利益，見利思義，必要時捨利取義。強調中國要在與各國良性互動、互利共贏中開拓前進，推動中國和平發展進入新的歷史階段。

第二章 中國外交的原則

外交是獨立國家對外行使主權的官方行為，是一國捍衛本國利益和實現其對外政策的重要手段，沒有國家主權的獨立，就沒有獨立自主的外交。

新中國成立以來，實現和鞏固了國家的獨立和外交的自主，維護了國家安全和領土完整，在國際舞臺上贏得了平等與尊嚴。中國珍惜來之不易的獨立，在國際上尊重其他國家的獨立，並把獨立自主作為中國外交政策的最根本原則。

獨立自主外交政策的發展

追求國家獨立是近代以來中國人民堅持不懈的奮鬥目標。

一九四九年新中國成立以前的一百多年間，中國的對外交往史是一段備受欺凌的歷史，舊中國的外交是屈辱的外交。一八四〇年鴉片戰爭以

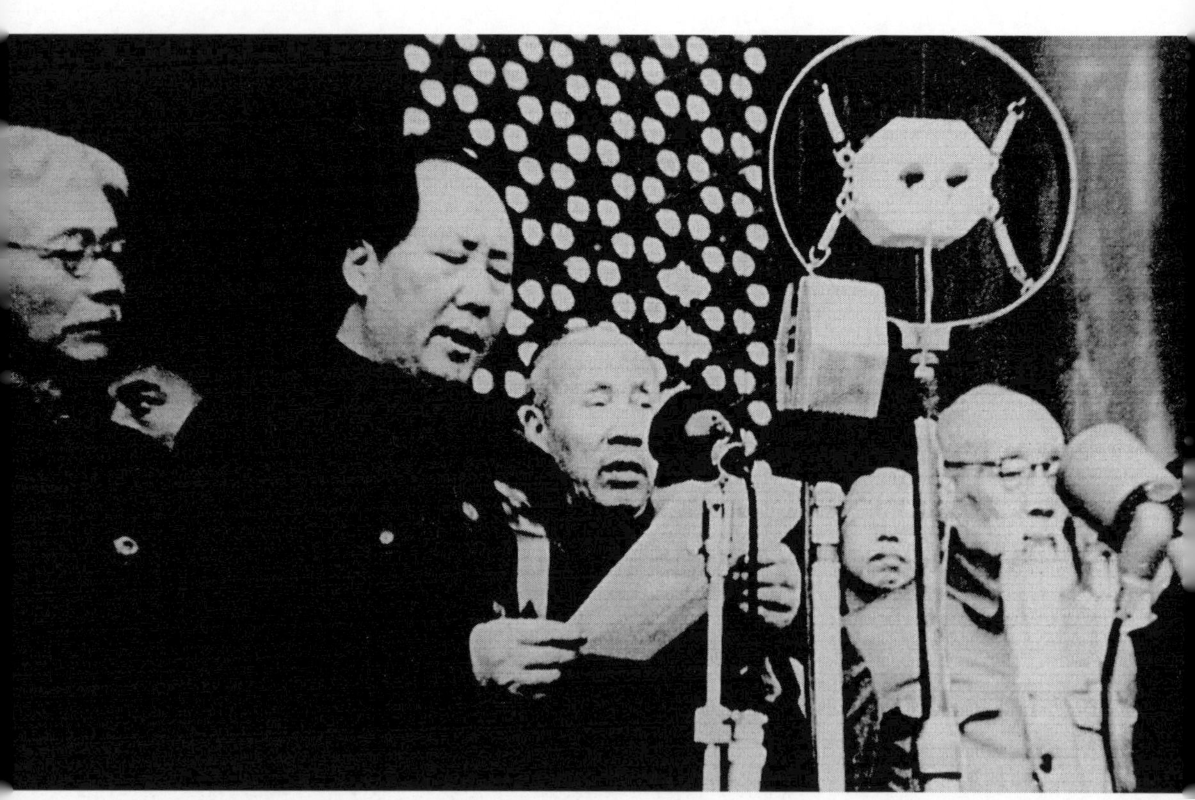

▲ 一九四九年十月一日，中華人民共和國成立，毛澤東主席在天安門城樓上宣讀中央人民政府公告。

來，帝國主義列強通過各種手段逼迫晚清政府簽訂了一系列不平等條約，並根據這些條約在中國開設租借地，確立勢力範圍，強辟通商口岸，取得治外法權，享受片面的最惠國待遇，攫取了多方面的特權。近代以來，無數仁人志士為了爭取國家的獨立和民族的解放進行了堅苦卓絕的鬥爭，但都沒有改變中國的命運。到新中國成立之前，西方列強在中國仍然擁有駐紮軍隊、自由經營、管理中國海關和確定中國關稅稅率等權利。

一九四九年十月一日，中華人民共和國成立，中國人民站起來了，贏得了國家的獨立和民族的解放。從此，維護國家獨立，維護領土、主權的完整，成為新中國外交的首要目標。

實現獨立必須廢除帝國主義在中國的特權，斷絕與舊中國屈辱的外交「遺產」的聯繫。新中國成立後，制定和執行了「打掃乾淨屋子再請客」「另起爐灶」和「一邊倒」的三大政策。

所謂「打掃乾淨屋子再請客」，就是頒佈法律，逐步並徹底廢除舊中國遺留下來的帝國主義在中國的政治、經濟和文化特權，使中國擺脫了對外依賴，成為一個在政治、經濟和文化上都獨立自主的國家。

「另起爐灶」，就是同舊中國的屈辱外交徹底決裂，不承認舊中國同其他國家建立的外交關係，將新中國與其他國家的外交關係建立在獨立國家的平等的基礎上。對於那些不願在獨立和平等基礎上承認、對待新中國政權的國家，中國不承認這些國家派駐中國的代表為正式的外交人員；對於國民黨政府與外國政府所訂立的各項條約和協定，新中國政府按其內容，分別予以承認，或廢除，或修訂，或修改，或重定。

談判建交原則

「另起爐灶」要求新中國政府堅持通過談判與其他國家建立外交關係。一九四九年全國政協通過的具有臨時憲法功能的《共同綱領》第五十六條規定：「凡與國民黨反動派斷絕關係，並對中華人民共和國採取友好態度的外國政府，中華人民共和國中央人民政府可在平等、互利及互相尊重領土主權的基礎上，與之談判、建立外交關係。」這被稱為「談判建交」的原則。

這一原則針對舊的國民政府殘餘逃往臺灣的現實，把是否斷絕與在臺灣的舊的中國政府保持外交關係，作為是否對新中國採取友好態度並遵守平等、互利及互相尊重的領土主權的前提條件。談判建交的方式則是為了保證建交原則和條件的實行，確保不會出現「兩個中國」的現象。這一建交原則是對建交形式的創新，在後來的長時期裡都使用。

所謂「一邊倒」，就是在當時東西對峙的「冷戰」國際背景下，根據美國與蘇聯對新中國的不同態度，倒向以蘇聯為首的社會主義國家一邊。新中國成立時，中國人民政治協商會議通過的《共同綱領》明確規定：「中華人民共和國聯合世界上一切愛好和平、自由的國家和人民，首先是聯合蘇聯、各人民民主國家和各被壓迫民族，站在國際和平民主陣營方面共同反對帝國主義侵略，以保障世界的持久和平。」

根據這樣的政策，新中國成立後不久，毛澤東主席訪問了蘇聯，並於一九五〇年二月與蘇聯簽訂了《中蘇友好同盟互助條約》，規定加強中蘇之間的友好與合作，共同防止帝國主義的重新侵略。中蘇條約的締結，使中國政府有了可靠的同盟國，國家安全有了更多保障。

▲ 一九四九年十月二日，蘇聯成為第一個與新中國建交的國家。

反對超級大國對中國的威脅、保障國家安全是建國初期維護獨立的主要任務。一九五〇年六月朝鮮戰爭爆發後，美國總統杜魯門發表聲明，命令美國空海軍部隊直接參與朝鮮戰爭；命令美國海軍第七艦隊進入臺灣海峽；命令加強美國駐菲律賓的軍隊和擴大對印度支那法國軍隊的援助。杜魯門的這一聲明，把朝鮮半島、臺灣海峽地區，以及包括中南半島在內的東南亞地區聯繫起來，矛頭直接指向成立伊始的新中國。美國在對朝鮮戰爭進行干涉的同時，其軍用飛機不斷侵犯中國東北領空，掃射和轟炸中國城鎮、村莊；在中國在聯合國席位被剝奪的情況下，美國操縱聯合國對中國實行禁運；美國海軍還在公海上強行盤查中國船隻，侵犯中國的航行權利，使中國人民生命、財產蒙受巨大損失。

▲ 一九五〇年六月，瑞典成為第一個與新中國建交的西方國家。

中國被迫捲入朝鮮戰爭，並最終取得了抗美援朝戰爭的勝利，實現了朝鮮半島的停戰，達到了「保家衛國」的目的，提高了中國的國際地位，有力地維護了中國的獨立、主權和安全。在印度支那，中國支持印度支那人民爭取民族獨立的鬥爭，積極參加日內瓦會議，促成了印度支那實現和平，消除了美國從南部對中國的威脅。此外，從這時起，反對美國對中國領土臺灣的侵犯、反對美國對中國內政的干涉成為中美關係中最為核心和關鍵的問題，至今它仍然是中國外交的一項主要任務。

獨立自主是新中國外交的根本方針，是區別於舊中國外交的最主要特徵。它貫穿於新中國外交的各個領域。在實行「一邊倒」政策的二十世紀五〇年代，毛澤東、周恩來等都曾多次指出，對蘇聯不能有依賴之心，對

▲ 一九五四年四月至七月，周恩來總理兼外交部長率中國代表團出席旨在和平解決朝鮮問題與恢復印度支那和平問題的日內瓦會議。圖為中國代表團成員合影。

蘇聯的經驗不能盲從照搬，要用自己的腦袋思考，用自己的腿走路，「戰略上要聯合，但戰術上不能沒有批評」。二十世紀五〇年代後期，由於中國和蘇聯所處的國際地位不同，雙方對國際格局的認識，以及外交戰略特別是對美政策上出現了一些分歧，蘇聯企圖將中國拉入其「美蘇合作，共同主宰世界」的軌道。對於蘇聯提出的有損中國主權和外交獨立自主的建議和行為，毛澤東等領導人頂住壓力，拒絕了蘇聯要求，維護了中國在與社會主義國家關係中的獨立自主。

二十世紀六〇年代後期，國際形勢發生了變化。美國由於深陷越戰泥淖，實力嚴重受損，而蘇聯趁機加強了自己的力量，開始對外擴張。美國總統尼克松上臺後，提出了在亞太和全球地區收縮的「尼克松主義」；與此同時，蘇聯領導人則提出了以對其他社會主義國家內政進行干涉為主要內容的「勃列日涅夫主義」。兩個「主義」標誌著美國對華威脅的減弱和蘇聯對華威脅的增加。中國感到蘇聯已成為中國安全和世界和平的主要威脅，開始緩和與改善同美國的關係。

鑒於蘇聯對中國威脅的增長，中國在二十世紀七〇年代執行了反對美蘇兩霸、側重反對蘇聯霸權主義的戰略方針。一九七三年毛澤東在會見外賓時提出，「美國、日本、中國，連巴基斯坦、伊朗、土耳其、阿拉伯世界、歐洲都要團結起來，一大片的第三世界要團結」，共同反對蘇聯的威脅。

二十世紀七〇年代後期到八〇年代初期，蘇聯的擴張在入侵阿富汗後遇到了困難，美國則在全球採取攻勢，國際力量對比發生了新的變化，爆

▲ 一九七一年四月，周恩來總理在北京接見來華訪問的美國乒乓球代表團，中美交往的大門由此打開。這就是著名的「乒乓外交」。

發戰爭的可能性不斷減小，中國面臨的安全危險減弱，集中精力於國內經濟建設有了可能。一九七八年中共十一屆三中全會後，中國對內外政策進行了調整，在對外政策上更加鮮明地強調堅持獨立自主的原則。一九八二年鄧小平在中共十二大的開幕辭中明確提出：「中國的事情要按照中國的情況來辦，要依靠中國人自己的力量來辦。獨立自主，自力更生，無論過去、現在和將來，都是我們的立足點。中國人民珍惜同其他國家和人民的友誼和合作，更加珍惜自己經過長期奮鬥而得來的獨立自主的權利。任何外國不要指望中國做他們的附庸，不要指望中國會吞下損害我國利益的苦果。」

一九八九年中國發生了政治風波，以美國為首的西方國家對此加以指責、干涉，並對中國實行制裁。鄧小平在會見外國客人時表示，「國家主權、國家的安全要始終放在第一位，對這一點我們比過去更清楚了」,「中國永遠不會接受別人干涉中國內政」。中國政府沉著冷靜，堅持獨立自主的和平外交政策，最終打破制裁，維護了國家的獨立和主權。

二十世紀九〇年代以來，面對西方國家的壓力，中國沒有妥協、退讓，而是更加堅定地維護國家主權、國家利益和民族尊嚴。針對冷戰後西方一些國家提出的所謂「人權高於主權」等挑戰《聯合國憲章》宗旨和原則、踐踏國際法和國際關係基本準則的論調，中國堅持獨立自主的原則，堅決反對任何國家以任何藉口干涉中國內政。

冷戰結束後，國際形勢發生了深刻變化，傳統安全觀念亦隨之改變。除了領土完整、主權不受侵犯等傳統安全仍然突出，經濟安全、文化安全、信息安全、生態安全，以及跨國犯罪、核擴散、民族衝突、走私販毒、恐怖主義、跨國移民等問題構成的非傳統安全日益突出。二〇一二年

▲ 二〇一二年十一月，中國共產黨第十八次全國代表大會在北京召開。十八大報告指出，中國將堅定不移致力於維護世界和平、促進共同發展，堅定奉行獨立自主的和平外交政策。

的中國共產黨十八大報告指出：中國承諾將繼續高舉和平、發展、合作、共贏的旗幟，堅定不移致力於維護世界和平、促進共同發展；始終不渝走和平發展道路，堅定奉行獨立自主的和平外交政策；堅決維護國家主權、安全、發展利益，決不會屈服於任何外來壓力，根據事情本身的是非曲直決定自己的立場和政策，秉持公道，伸張正義。

獨立自主的內涵

中華人民共和國成立以來，中國的對外戰略和具體政策隨著國際風雲變幻經歷了一系列調整和變化，在不同時期顯示出不同的階段性特點，但獨立自主的原則始終貫穿其中，並在實踐中不斷發展、充實，從不同方面展現了中國外交獨特的風格。概括起來看，作為中國外交的根本原則，獨立自主的內涵包括以下幾個方面：

中國是一個統一的多民族國家，實現國家統一、保持領土主權的完整是獨立自主的前提，也是獨立自主外交政策的顯著體現。中國絕不容忍國家統一、領土完整、民族尊嚴受到任何侵犯。在當前複雜的國際和國內形勢下，維護社會穩定面臨諸多新情況新問題，反對「臺獨」「東突」「藏獨」等分裂勢力威脅國家統一和安全，是中國獨立自主外交政策的前提和根本要求。

主權是國家的根本屬性和獨立的根本標誌。中國堅持主權國家有權選擇自己本國的社會制度，獨立地決定本國對內對外政策，完全自主地決定自己國家的發展道路和政策。在國際事務上，中國主張各國應充分享有領土不受侵犯、內政不受干涉的權利，中國尊重各國人民自主選擇發展道路的權利，不干涉別國內部事務，不把自己的意志強加於人，也反對任何國家干涉中國內政。

獨立自主就是在國際事務上實行民主化，堅持國家不分大小、強弱、貧富，都是國際社會的平等一員。在事關世界和平與全人類發展的重大問題上，中國主張根據《聯合國憲章》宗旨和原則，以及其他國際法和公認

▲ 一九七四年四月，鄧小平率中國代表團出席聯合國大會第六次特別會議，在會上闡述了中國對外關係的原則。

的國際關係準則，在政治上相互尊重、平等協商，共同推進國際關係民主化；經濟上相互合作、優勢互補，共同推動經濟全球化朝著均衡、普惠、共贏方向發展；文化上相互借鑑、求同存異，尊重世界多樣性，共同促進人類文明繁榮進步；環保上相互幫助、協力推進，共同呵護人類賴以生存的地球家園。

獨立自主就是支持一切有利於維持全球戰略平衡和穩定的活動。中國主張通過對話與合作增進相互了解與信任，謀求以和平方式解決國家間的分歧和爭端，在事關國際和平的安全問題上，倡導互信、互利、平等、協作的新安全觀，通過互利合作維護地區和國際安全，以協商化解矛盾，以合作謀求穩定，加強和深化多邊安全合作，解決共同面臨的安全威脅和挑戰，反對訴諸武力，或動輒以武力相威脅，反對戰爭政策、侵略政策和擴張政策，反對顛覆別國合法政權，反對軍備競賽。

獨立自主就是不同任何大國或國家集團結盟，不搞軍事集團，不參加軍備競賽，不進行軍事擴張。中國奉行防禦性的國防政策，對外不謀求勢力範圍，不支持一個國家去反對另一國；中國反對霸權主義，並承諾中國永遠不稱霸，永遠不搞擴張，不對任何國家構成軍事威脅。

獨立自主就是按照和平共處五項原則發展與所有國家友好互利合作關係，不以意識形態劃線，不以社會制度的異同決定國家關係的好壞或親疏，「同誰都來往，同誰都交朋友」，不受一時一事左右，而是從維護世界和平、促進經濟發展的大局出發，全方位地發展與所有國家的外交關係。

獨立自主就是對於一切國際事務，都從中國人民和世界人民的根本利益出發，根據事情本身的是非曲直，以及是否有利於維護世界和平與穩定，是否有利於發展各國合作、促進世界經濟和文化的繁榮、推動人類的進步，決定自己的立場和政策，不屈從於任何外來壓力。

反對分裂，維護國家統一和領土完整

獨立自主的一個根本要求就是實現和保證國家的統一，維護國家的領土完整。這一政策首先體現在中國反對外來勢力對中國內政的干涉，爭取實現臺灣海峽兩岸統一的鬥爭中，以及在恢復對香港與澳門行使主權的外交實踐過程中。

臺灣是中國領土不可分割的一部分。一八九五年日本通過侵華戰爭，強迫清朝政府簽訂不平等的《馬關條約》，侵占了臺灣。一九四三年十二月，中、美、英三國政府發表的《開羅宣言》規定，日本應將從中國竊取的包括東北、臺灣、澎湖列島等在內的土地歸還中國。一九四五年中、美、英三國共同簽署，後來又有蘇聯參加的《波茨坦公告》規定：開羅宣言之條件必將實施。同年八月，日本宣佈投降，並在《日本投降條款》中承諾履行波茨坦公告各項規定。一九四五年十月二十五日，中國政府收復臺灣、澎湖列島，重新恢復對臺灣行使主權。臺灣不僅在法律上，而且在事實上回歸祖國。

一九四九年十月一日，中華人民共和國中央人民政府宣告成立，取代中華民國政府成為全中國的唯一合法政府和在國際上的唯一合法代表。舊的中華民國的統治者國民黨集團的一部分軍政人員退踞臺灣，形成兩岸的臨時分裂。臺灣問題是中國內戰遺留的問題，爭取實現臺灣與祖國大陸的統一是中國的內政。臺灣問題事關中國的主權和領土完整，事關十三億多中國人的民族感情。中國政府一貫反對任何外國政府在臺灣問題上對中國內政的干涉。

在東西方兩大陣營對峙的態勢下，一九五〇年美國借朝鮮戰爭爆發，派遣其海軍第七艦隊進入臺灣海峽，並於一九五四年與臺灣當局簽訂了所謂《共同防禦條約》，將中國的臺灣省置於美國的「保護」之下，構成對中國領土主權的侵略，造成了臺灣海峽地區局勢的長期緊張。

美國支持臺灣當局與大陸對抗，阻撓中國實現國家統一是美國敵視中國人民共和國的集中表現。反對美國在臺灣問題上干涉中國內政是中國對外關係中一項長期的任務。臺灣問題是冷戰期間中美對峙的焦點、中美三

▲ 一九八七年十月，臺灣當局開放臺胞到祖國大陸探親，臺胞登上長城激動萬分。

個公報的核心問題，也是中美關係中最關鍵最敏感的問題。

隨著國際形勢的變化，中美關係在二十世紀六〇年代末和七〇年代初出現了緩和。一九七二年美國總統尼克松訪問中國，中美雙方在上海發表了聯合公報。在公報中，美國方面聲明：「美國認識到，在臺灣海峽兩邊的所有中國人都認為只有一個中國，臺灣是中國的一部分。美國政府對這一立場不提出異議。」

一九七八年十二月，美國政府接受了中國政府提出的建交三原則，即美國與臺灣當局「斷交」、廢除美國與臺灣當局之間簽訂的《共同防禦條約》、從臺灣撤軍。其後，中美發表了建立外交關係的公報。公報聲明：「美利堅合眾國承認中華人民共和國政府是中國的唯一合法政府。在此範圍內，美國人民將同臺灣人民保持文化、商務和其他非官方聯繫」；「美利堅合眾國政府承認中國的立場，即只有一個中國，臺灣是中國的一部分」。

中國希望中美關係的緩和能夠促進臺灣海峽兩岸的統一。在中美關係正常化的同時，中國從維護世界和平的大局出發，改變了新中國成立後相當一段時間內堅持的「一定要解放臺灣」的政策，提出和形成了「一國兩制」的思想，謀求通過和平的途徑實現國家的統一。

但是，中美建交後，美國並沒有放棄在臺灣問題上對中國內政的干涉。一九七九年三月，美國國會通過所謂《與臺灣關係法》，以美國國內立法的形式，作出了許多違反中美建交公報和國際法原則的規定，包括繼續向臺灣出售武器。

美國向臺灣出售武器引發了中美關係正常化後雙邊關係的第一次危機。為解決美國售台武器問題，中美兩國政府通過談判，於一九八二年八

▲ 一九九三年四月，海峽兩岸關係協會會長汪道涵與臺灣海峽交流基金會董事長辜振甫在新加坡舉行會談。這是海峽兩岸授權的民間機構最高負責人之間的首次會晤。

月達成協議，發表了指導中美關係的第三個聯合公報，簡稱「八一七公報」。美國政府在公報中聲明：「它不尋求執行一項長期向臺灣出售武器的政策，它向臺灣出售的武器在性能和數量上將不超過中美建交後近幾年供應的水平，它準備逐步減少對臺灣的武器出售，並經過一段時間導致最後的解決。」

二十世紀八〇年代，隨著中美關係平穩發展，臺灣海峽兩岸關係也出現了緩和，一九八七年兩岸開始了民間交往。

冷戰結束後，臺灣當局改變了在統一問題上的立場，逐步放棄「一個中國」的政策，開始追求以所謂的擴大「國際生存空間」為名的謀求臺灣「獨立」。從一九九三年開始，臺灣當局謀求參與聯合國，特別是一九九七年臺灣當局領導人李登輝提出所謂兩岸關係為「特殊的國與國關係」的說法，公開打出了臺灣「獨立」的旗幟。在這個過程中，美國政府不斷違背在「八一七公報」中作出的承諾，提高向臺灣出售武器的規模和性能。特別是一九九二年美國決定向臺灣出售一百五十架 F-16 型高性能戰鬥機，以及二〇〇一年、二〇〇八年美國政府向臺灣出售幾批高性能武器，嚴重違背了美國政府的承諾，給臺灣問題的和平解決增加了新的障礙和外部阻力。美國的這些做法遭到中國政府的強烈反對，導致中美關係的數次摩擦和危機。

中國反對美國向臺灣出售武器，也反對任何與中國建交的國家向臺灣出售武器，或與臺灣進行任何形式的軍事結盟。如一九八二年荷蘭政府不顧中國政府反對，堅持向臺灣出售武器，導致兩國外交關係的降級。一九九二年法國政府向臺灣出售武器，導致中法關係的波折，直到法國政府重新在這個問題上作出承諾後，兩國關係才得以恢復正常化。

在國際上，作為代表全中國的唯一合法政府，中華人民共和國政府在臺灣問題上的一貫政策是，世界上只有一個中國，臺灣是中國領土不可分割的一部分，凡是與中華人民共和國建立外交關係的國家都必須尊重中國的主權和領土完整。堅決反對與中國建交國把臺灣當作一個「獨立政治實體」而同其建立和發展官方關係，甚至搞某種形式的「雙重承認」，以及在國際組織和國際會議中製造「兩個中國」或「一中一臺」。這一原則是

▲ 二〇〇八年十二月十五日，海峽兩岸空運直航、海運直航及直航通郵正式啟動，兩岸「三通」基本實現。圖為海運直航貨輪駛離福建廈門港，啟航前往臺灣。

中國在發展與世界各國關係中始終堅持不渝的。

中國政府保障臺灣同胞在國外的一切正當、合法權益。對於某些允許地區參加的政府間國際組織，中國政府已經基於一個中國原則，根據有關國際組織的性質、章程和實際情況，以所能同意和接受的方式對臺灣的加入問題作出了安排。臺灣已作為中國的一個地區，以「中國台北」的名義，分別參加了亞洲開發銀行（英文名稱為 Taipei, China）和亞太經合組織（英文名稱為 Chinese Taipei），以及以「臺灣、澎湖、金門、馬祖單獨關稅區」的名義（簡稱「中國台北」，英文名稱為 Chinese Taipei）參加世貿組織。

二〇〇八年以來，兩岸關係實現重大轉折，實現兩岸全面直接雙向「三通(通商、通航和通郵)」，簽署實施兩岸經濟合作框架協議，形成兩岸全方位交往格局，兩岸關係保持和平發展勢頭，兩岸在相互往來合作中逐漸彼此融合。對於臺灣的國際地位問題，胡錦濤曾提出，大陸了解臺灣同胞對參與國際活動問題的感受，重視解決與之相關的問題。兩岸在涉外事務中避免不必要的內耗，有利於增進中華民族整體利益。對於臺灣同外國開展民間性經濟文化往來的前景，可以視需要進一步協商。對於臺灣參與國際組織活動問題，在不造成「兩個中國」「一中一臺」的前提下，可以通過兩岸務實協商作出合情合理安排。

對於中美關係中的臺灣問題，中國政府認為，如果美方能夠順應兩岸關係和平發展的大勢，切實理解和尊重中國反對分裂、致力於和平統一的努力，那麼臺灣問題就會從中美關係的負資產變成正資產，從消極因素變成積極因素，就能為中美關係長期穩定發展提供保障，為中美開展全方位合作開闢前景。

不管形勢如何變化，中國政府都承諾堅定地執行「一國兩制」、和平統一的政策，始終以最大誠意、盡最大努力促進兩岸關係和平發展，爭取和平統一的前景，但也明確表示，絕不允許任何人以任何名義、任何方式把臺灣從中國分割出去。繼一九九二年和二〇〇〇年中國政府發表了兩份關於臺灣問題的白皮書後，二〇〇五年中國全國人大通過了《反分裂國家法》，以法律形式重申了和平統一的政策，同時明確規定：「『台獨』分裂勢力以任何名義、任何方式造成臺灣從中國分裂出去的事實，或者發生將會導致臺灣從中國分裂出去的重大事變，或者和平統一的可能性完全喪失，國家得採取非和平方式及其他必要措施，捍衛國家主權和領土完整。」

按照「一國兩制」收回香港和澳門主權

「一國兩制」最初是針對臺灣問題提出來的，但首先成功運用於恢復對香港和澳門行使主權的過程中，顯示了其強大的生命力。

香港是中國領土的一部分。一八四〇年第一次鴉片戰爭中，英軍強占香港島。一八四二年英國強迫清政府簽訂了《南京條約》，割讓香港島。一八五六年英法聯軍發動第二次鴉片戰爭，迫使清政府於一八六〇年簽訂《北京條約》，割讓九龍半島。一八九四年中日甲午戰爭之後，英國逼迫清政府於一八九八年簽訂《展拓香港界址專條》，強租新界及附近二百六十二個島嶼，租期九十九年，至一九九七年六月三十日結束。香港的割讓是中國近代外交史上最為屈辱的事件之一。

一九七八年以後，鄧小平根據形勢的變化，提出了「一國兩制」的構想，以解決統一問題。「一國兩制」即在一個中國的前提下，國家的主體堅持社會主義制度；香港、澳門、臺灣是中國不可分割的組成部分，它們作為特別行政區保持原有的資本主義制度和生活方式長期不變。

在此基礎上，中國政府與英國政府經過多輪談判，於一九八四年十二月簽署了《關於香港問題的聯合聲明》，對香港回歸的時間、政策，以及過渡期間的安排等都作了明確規定。香港問題的解決有了實際可循並且得到雙方認可的依據。

一九八五年，全國人民代表大會決定成立香港特別行政區基本法起草委員會。一九九〇年四月，《香港特別行政區基本法》審議通過。基本法對中央與香港特別行政區的關係，香港居民的基本權利和義務，香港的政治體制、經濟、對外事務等方面作了明確具體的規定，為中國恢復對香港行使主權作好了各項準備。

一九八四年中英《關於香港問題的聯合聲明》簽署後，雙方之間最初的合作是順利的。但冷戰結束後，港英當局錯誤地估計形勢，違反《聯合聲明》的精神，違反中英之間就香港回歸問題達成的有關協議，準備在過渡期間，也就是在中國政府恢復對香港行使主權前對香港的政治制度進行

▲ 一九八四年十二月十九日，鄧小平會見英國首相瑪格麗特・撒切爾，闡述「一國兩制」的構想。

▲ 一九八四年十二月十九日，中英兩國政府首腦在北京正式簽署《關於香港問題的聯合聲明》。

「民主」改革，在英國統治的最後幾年建立起來一個「民主」的體制，從而使英國在將香港交還中國之後，保持其在香港的政治和經濟影響。港英當局這種有損中國主權的做法遭到中國政府的堅決拒絕。

一九九七年六月三十日午夜，中英兩國在香港會展中心舉行了隆重的政權交接儀式。與此同時，中國駐港部隊正式接管香港的防務。中國政府恢復了對香港行使主權。

澳門問題與香港問題相似。一五三五年葡萄牙人在澳門停靠船舶，進行貿易，一五五七年開始長期居住。一八八七年三月和十二月，葡萄牙迫使清政府先後簽訂了《中葡會議草約》和《中葡北京條約》。此後，葡萄牙一直占領澳門並把澳門劃為葡萄牙領土。新中國成立後，多次闡明澳門是中國的領土，澳門問題屬於歷史遺留問題，主張在適當時機通過談判解決這一歷史遺留問題，在未解決之前維持現狀。

香港問題的解決為澳門問題的順利解決創造了條件。一九八七年四月，中國與葡萄牙簽署了《關於澳門問題的聯合聲明》，確定中華人民共和國政府於一九九九年十二月二十日恢復對澳門行使主權，並對過渡期間的相關安排進行了規定。

一九九三年三月，《澳門特別行政區基本法》審議通過。一九九九年十二月十九日，中葡兩國在澳門舉行了隆重的政權交接儀式，中國恢復對澳門行使主權。

香港和澳門的回歸，使香港和澳門同胞成為這兩個地區的真正主人，結束了西方殖民勢力占領中國領土的歷史，香港和澳門的發展進入一個新的時代。

香港和澳門回歸以來，在特別行政區政府的有效領導和中央政府的堅定支持下，保持了穩定和繁榮，走上了同內地優勢互補、共同發展的道路。

中國中央政府根據維護國家主權、安全、發展利益，保持香港、澳門長期繁榮穩定的宗旨，堅持一國原則和尊重兩制差異、維護中央權力和保障特別行政區高度自治權、發揮祖國內地堅強後盾作用和提高港澳自身競爭力有機結合起來，貫徹「一國兩制」、「港人治港」、「澳人治澳」、高

▲ 一九九七年七月一日，中國政府恢復對香港行使主權。圖為中英兩國政府舉行香港政權交接儀式。

度自治的方針；支持特別行政區行政長官和政府依法施政，帶領香港、澳門各界人士集中精力發展經濟，循序漸進推進民主，促進香港同胞、澳門同胞在愛國愛港、愛國愛澳旗幟下的大團結。中國反對任何外國政府和勢力就港澳政制發展等屬於中國內政的問題說三道四、指手畫腳，防範和遏制外部勢力干預港澳事務，這是一個涉及中國主權的原則問題。

▲ 一九九九年十二月二十日，中國政府恢復對澳門行使主權。圖為中葡兩國政府舉行澳門政權交接儀式。

反對民族分裂，維護國家統一

中國是統一的多民族國家，共有五十六個民族。各民族形成和發展的歷史，也是各民族之間彼此交融的歷史。在長期的歷史發展過程中，各民族頻繁遷徙，逐漸形成了大雜居、小聚居的分佈格局。漢族是人口最多的民族，遍佈全國。少數民族人口雖少，且主要居住在廣大邊疆地區，但在內地縣級以上行政區域都有少數民族居住。這種你中有我、我中有你、相互依存的人口分佈狀況，決定了以少數民族聚居的地方為基礎，建立不同類型和不同行政級別的民族自治地方，有利於民族關係的和諧穩定和各民族的共同發展。一九五四年第一屆全國人民代表大會將民族區域自治制度載入《中華人民共和國憲法》中。此後中國歷次憲法修改，都載明堅持實行這一制度。

在當前複雜的形勢下，中國外交面臨著維護國家統一、反對民族分裂的任務，其中在西藏和新疆問題上尤為突出。

西藏是中國不可分割的一部分，藏族是中華民族大家庭中的重要一員。藏族世代生活在青藏高原，創造了燦爛的文化，藏族文化是中華文化中一份寶貴的財富。

歷史上，西藏曾經歷了比歐洲中世紀還要黑暗的政教合一的封建農奴制社會，占總人口不足百分之五的農奴主占有著西藏全部的生產資料和文化教育資源。達賴喇嘛作為藏傳佛教首領和西藏地方政府首腦，集政教大權於一身，對西藏實行統治。

一九五一年西藏實現和平解放。一九五九年西藏實行民主改革，徹底廢除了政教合一的封建農奴制度，十四世達賴流亡國外。半個世紀以來，中國政府高度重視西藏文化的保護與發展，根據《中華人民共和國憲法》和《民族區域自治法》的規定，投入大量人力、物力、財力，傾力保護和弘揚西藏優秀傳統文化，同時大力發展現代科學教育文化事業，使西藏文化得到了前所未有的保護與發展。

在國際形勢發生變化的情況下，達賴集團無視客觀事實，打著宗教的旗號，在國際上散佈「西藏文化滅絕論」，提出中國軍隊和軍事設施撤離西藏，圖謀實現「大藏區獨立」。為了引起國際社會的注意，達賴集團還支持在西藏地方製造騷亂，煽動民族矛盾，破壞社會穩定，造成重大的人員傷亡和財產損失。

維護中國領土主權的完整是中國的重要核心利益。中國政府堅決反對任何在國際上從事旨在分裂中國、謀求西藏「獨立」的活動。中國認為達賴的問題不是宗教問題，而是政治問題；十四世達賴喇嘛不僅是一個宗教人士，而且是一個從事分裂祖國活動的政治流亡者。

中國政府與達賴集團之間分歧的實質，不是自治與不自治的問題，而始終是進步與倒退、統一與分裂的鬥爭。中國政府提出，只要達賴喇嘛真正放棄分裂祖國的立場，停止一切分裂祖國的活動，放棄任何復辟舊制度的圖謀，解散所謂「西藏流亡政府」，公開承認西藏是中國不可分割的一部分，承認臺灣是中國不可分割的一部分，承認中華人民共和國政府是代表全中國的唯一合法政府，就可以與達賴喇嘛就其個人前途問題進行接觸商談。

西藏是中國領土不可分割的部分，這是世界上所有政府都承認的。世界上沒有任何一個國家承認西藏是「獨立」的，承認所謂「西藏流亡政

▲ 矗立在西藏拉薩市中心的布達拉宮，是藏族歷史、文化的象徵。

府」。所謂「西藏問題」，從一開始就是帝國主義妄圖瓜分中國的產物，是近代帝國主義列強妄圖變中國為其殖民地半殖民地圖謀的一部分。達賴集團叛逃國外以後，一些反華勢力從來沒有停止過對達賴集團「藏獨」分裂活動的慫恿和支持。因此，所謂「西藏問題」根本不是什麼民族問題、宗教問題和人權問題，而是西方反華勢力企圖遏制中國、分裂中國、妖魔

化中國的問題。中國堅決反對達賴以任何身分到其他國家從事分裂中國的活動，也反對任何國家為達賴分裂祖國的活動提供便利和講壇。

新疆維吾爾自治區成立於一九五五年，半個多世紀以來，新疆地區的經濟、社會各方面都獲得了很大的發展。冷戰結束以後，在宗教極端主義、分裂主義和國際恐怖主義的影響下，境內外部分「東突厥斯坦伊斯蘭運動」等組織轉向以恐怖暴力為主要手段的分裂破壞活動，在新疆策劃、組織了一系列恐怖暴力事件，嚴重危害了中國各族人民群眾的生命財產安全和社會穩定，並對有關國家和地區的安全與穩定構成了威脅。

「9·11」事件發生後，國際反恐怖鬥爭與合作的呼聲日趨強烈，「東突」勢力為了擺脫尷尬的處境，又一次打著所謂維護「人權」「宗教自由」和「少數民族利益」的旗號，編造所謂「中國政府藉機打擊少數民族」的謊言，混淆視聽，欺騙國際輿論，試圖逃脫國際反恐怖主義的打擊。近年來，新疆各種分裂勢力打著「東突」的旗號，企圖建立所謂「東突厥斯坦

▲ 自古以來，新疆就是一個多民族聚居地區。今天，新疆生活著維吾爾、漢、哈薩克、回、蒙古等五十五個民族。

國」分裂政權，製造恐怖事件。特別是二〇〇九年七月五日發生的新疆維吾爾自治區烏魯木齊市打砸搶燒嚴重暴力犯罪事件，危害國家統一、社會穩定和民族團結，嚴重干擾和破壞了新疆的發展與進步，給各族群眾生命財產造成重大損失。中國政府在反對這些分裂國家圖謀方面從不妥協。

二〇〇二年九月，聯合國安理會將「東突厥斯坦伊斯蘭運動」列入其頒佈的恐怖組織名單。中國積極參與國際反恐合作，反對在反恐問題上有任何雙重標準，反對任何國家和勢力以任何藉口和方式支持分裂中國領土的任何分裂行為和恐怖主義行為。

第三章 中國的多邊外交

當代中國同世界的關係發生了歷史性變化，中國的前途命運日益緊密地同世界的前途命運聯繫在一起。中國正以自己的發展促進世界的發展，以自己的繁榮促進世界的繁榮，以負責任的態度為維護世界和平、促進人類進步發揮建設性作用。積極參與多邊外交，在國際事務上發揮建設性作用，推動國際秩序朝著更加公正合理的方向發展，正成為中國對外交往中日益活躍的一方面。

全面參與國際機制，積極拓展多邊外交

在世界歷史進程中，其他古文明之間曾經有這樣或那樣的衝突和戰爭，導致了文明間的融合和一些文明的消失。與此不同的是，中華文明在歷史上與其他文明雖然有交流和往來，但由於喜馬拉雅山天塹使中華文明在西南與印度文明相對隔離，廣袤的中亞高原荒漠使中華文明在西北與中東和歐洲文明之間保持一定的距離，中華文明不僅是四大古文明中唯一得以延續至今的文明，還保持了自己的獨立和相對完整。

近代以來，西方率先實現了工業化，經濟上逐步強大起來，促進了世界經濟的一體化和文明的碰撞、融合。在這個過程中，中國的國門被西方國家的堅船利炮打開，中國由「天朝大國」淪落為半殖民地半封建國家。在這個血腥和屈辱的過程中，有不少仁人志士進行了各種試圖拯救中國命運的嘗試：中學為體、西學為用的洋務運動在中日甲午戰爭後失敗了；戊戌變法僅僅持續了一百天就夭折了；辛亥革命雖然推翻了封建統治，卻沒能改變中國在國際上的屈辱地位，中國在被納入國際體系後一直處於從屬和被動地位。

在中國共產黨領導下，中國各族人民經歷了長期艱難曲折的鬥爭，終於推翻了帝國主義、封建主義和官僚資本主義的統治，取得了新民主主義革命的偉大勝利，於一九四九年建立了中華人民共和國。新中國政府希望獨立後的中國能在平等和互相尊重的基礎上與西方國家建立關係，參與國際社會，為世界的和平繁榮作出自己的貢獻。

新中國成立不久，周恩來總理兼外長致電聯合國秘書長賴伊，要求驅

逐國民黨當局在聯合國的代表，並通知聯合國，新中國政府已任命張聞天為中國駐聯合國代表。但由於美國的阻撓，中國的要求沒有得到實現。朝鮮戰爭後，美國又藉口朝鮮問題擱置了聯合國對新中國在聯合國合法席位的討論。受當時國際政治力量分野和冷戰環境的限制，中國與國際社會的聯繫最初侷限於與蘇聯和東歐社會主義國家，以及少數週邊國家之間。

二十世紀六〇年代中蘇關係惡化後，中國在國際體系內不僅與西方國家處於對峙狀態，與社會主義國家之間的關係也受到嚴重影響。尤其是一九六六年「文革」爆發後，中國在國際上一度陷入孤立。中國退出了曾經參與的少數國際組織，還一度停止參加一些國際體育比賽。

▲ 一九七一年十月，第二十六屆聯大恢復中華人民共和國在聯合國的合法席位。

二十世紀七〇年代，中國與國際體系關係開始發生變化。一九七一年十月二十六日，第二十六屆聯大通過一七五八號決議，恢復中華人民共和國在聯合國的一切合法席位。這標誌著中國邁出了參與國際組織、融入國際體系的重要一步。到一九七七年，中國參加了包括聯合國在內的二十一個國際組織，簽署或支持四十五項國際條約、協定、公約。

▲ 二〇〇一年十一月十日，世界貿易組織第四屆部長級會議在卡塔爾首都多哈舉行，會議審議並通過了中國加入世界貿易組織的決定。

一九七八年是中國歷史轉折的一年。中國從這一年開始實施由沿海到內地逐步推進的對外開放政策。在「請進來」的同時，中國積極「走出去」，調整政策，積極參與到聯合國組織的活動當中，開始了真正融入國際體系的進程。在經濟領域，一九八〇年中國加入了世界銀行和國際貨幣基金組織，一九八二年中國恢復在關稅及貿易總協定（關貿）的觀察員地位，一九八六年中國正式申請恢復在關貿中的締約國地位。在安全領域，中國從一九八〇年開始參加日內瓦裁軍談判會議及其下屬各特委會和工作組的活動。到一九八六年底，中國已經加入了聯合國及其下屬所有多邊組織的活動。當年召開的六屆全國人大四次會議通過的《政府工作報告》首次明確指出：「中國支持聯合國組織根據憲章精神所進行的各項工作，積極參加聯合國及其專門機構開展的有利於世界和平與發展的活動。中國廣泛參加各種國際組織，開展積極的多邊外交活動，努力增進與各國在各個領域的合作。」這標誌著中國在政策層面改變了對以聯合國為代表的多邊國際機制的態度，預示著更多的參與。

冷戰的結束消除了東西交往的政治障礙，世界經濟被連為一體，全球化使國內問題和國際問題之間的界限越來越模糊，人類面臨的問題日益趨同，如環境問題、流行性疾病、能源匱乏、移民問題、跨國犯罪等，都不再是一個國家可以單獨解決的問題。在安全領域，冷戰結束雖然消除了超級大國之間爆發大規模戰爭的可能性，國際局勢總體上趨向緩和，但各種傳統安全問題遠未解決，而非傳統安全問題日顯突出，國際安全領域的多邊合作成為冷戰後多邊外交的一個主要領域。國際社會加強協商、擴大合作、共迎挑戰的需要增加；國際組織在國際關係中的地位和作用凸顯，多邊外交空前活躍。

▲ 二〇〇一年六月，中國、俄羅斯、哈薩克斯坦、吉爾吉斯斯坦、塔吉克斯坦、烏茲別克斯坦六國元首舉行首次會晤，簽署了《上海合作組織成立宣言》。

面對後冷戰時期全球化的國際環境，中國堅定不移地實行對外開放政策，適應經濟全球化趨勢，積極參與國際經濟合作與競爭，充分利用經濟全球化帶來的各種有利條件和機遇，同時又對經濟全球化帶來的風險保持清醒的認識。中國加入了更多的國際組織，參與更多的國際機制，拓展整體外交，進一步融入國際社會，取得了世人矚目的成就。

從參加的多邊國際組織來看，截至二〇〇八年，中國已加入一百三十多個政府間國際組織，並和數千個非政府國際組織保持聯繫。其中既有像聯合國、世界貿易組織、八國集團同發展中國家領導人對話會議（G8+5）、二十國集團對話會議等全球性組織，也有上海合作組織、東盟

▲ 二〇〇六年十一月，中非合作論壇峰會在北京舉行。

與中日韓對話機制這樣的地區性組織，還有亞歐會議、亞太經合組織、中非合作論壇這樣的跨地區組織。從參加的國際條約和國際協定看，一九八九年中國簽署或宣佈承認的多邊國際條約、公約、協定或議定書有一百五十七項，二〇〇八年增加到三百項，涉及政治、安全、經濟、文化等眾多領域。

在融入國際社會的過程中，中國奉行互利共贏的開放戰略，提出以自己的發展促進地區和世界共同發展，擴大同各方利益的匯合點。在參加多邊國際組織的過程中，中國主張多邊主義和開放的地區主義，以發展中國家的身分，積極開展高層外交，宣示中國的理念及主張，拓展與各方關係，承擔相應的責任和義務，維護中國的利益與國家形象，以積極的姿態為全球和地區問題的解決發揮建設性的作用。通過成立博鰲亞洲論壇、推動成立上海合作組織，以及推動和主持關於朝鮮核問題的六方會談等，逐步扭轉了過去被動參加多邊外交的模式，成為多邊外交機制的主動參與者、倡導者，乃至主導者。

當今中國與世界的關係發生了歷史性變化，中國經濟已經成為世界經濟的重要組成部分，中國已經成為國際體系的重要成員，中國的前途命運日益緊密地同世界的前途命運聯繫在一起。中國的發展離不開世界，世界的繁榮穩定也離不開中國；中國正以自己的發展來促進世界的發展，以自己的繁榮為世界的繁榮作貢獻。

在聯合國框架內發揮建設性作用

聯合國是當今世界上最大的多邊機構，其規模已由創立之初的五十一個成員國發展到目前的一百九十二個成員國，數量增長了三倍多；其活動和發揮作用的領域在後冷戰時期涉及政治、經濟、安全、人權及其他社會各方面。

作為聯合國的創始國和安理會常任理事國之一，中國重視聯合國的作用，積極參與聯合國在各個方面和各個領域的工作，支持其發揮應有的作用。

中國恢復在聯合國合法席位後，每年都派出高級代表團參加聯合國大

▲ 二〇〇〇年九月聯合國千年首腦會議期間，在中國倡議下，五個常任理事國的首腦舉行會晤。

▲ 二〇〇四年三月，聯合國千年發展目標國際會議在北京舉行。

會，就全球和地區性問題闡述中國的立場和觀點。隨著聯合國在冷戰結束後作用的增加，中國領導人參加了在聯合國框架內召開的所有重要國際會議。

二〇〇〇年，中國國家主席江澤民在參加聯合國千年首腦會議期間，向全世界闡明了中國政府支持聯合國發揮作用的立場：在新形勢下，聯合國的積極作用只能加強而不能削弱，聯合國的權威必須維護而不能損害。中國將堅決維護《聯合國憲章》的宗旨和原則，繼續發揮聯合國及其安理會在處理國際事務、維護世界和平方面的積極作用，確保全體會員國平等參與國際事務的權利。

二〇〇五年，中國國家主席胡錦濤在參加紀念聯合國成立六十週年的大會上，提出要充分發揮聯合國及其他多邊機制的重要作用，在解決國際爭端、維護和平以及人道主義援助等方面進一步發揮建設性的作用，並系統闡述了中國「建設持久和平、共同繁榮的和諧世界」外交理念和主張。

聯合國是世界各國協商合作的大舞臺，也是各國人民團結互助的大家庭。中國堅定不移地推進以聯合國為核心的全球治理體系變革，維護聯合國的地位和權威，支持聯合國根據形勢發展變化不斷革新完善，期待聯合國在國際事務中發揮更大作用。中國願意深化同聯合國的合作關係，更加積極地參與聯合國各領域工作，並在聯合國框架內，在維護世界和平、解決國際和地區熱點問題上扮演著越來越重要的角色，發揮著積極和建設性的作用。其中，中國參與聯合國框架內維和行動、推動裁軍和軍控，以及參與人權事務的合作是典型的代表。

參與聯合國維和

維和行動是聯合國履行其維護國際和平與安全責任的重要手段之一。《聯合國憲章》規定，為維持國際和平及安全，「採取有效集體辦法，以防止且消除對於和平之威脅，制止侵略行為和其他破壞；並以和平方法且依正義及國際法之原則，調整或解決足以破壞和平之國際爭端或情勢」。

自一九八一年第三十六屆聯大起，中國明確肯定聯合國維持和平行動在緩和緊張局勢方面所發揮的作用，表示原則上支持符合《聯合國憲章》的維持和平行動，並於一九八二年開始繳納有關攤款。一九八八年中國成為維和行動特別委員會成員，二〇〇一年，成立國防部維和事務辦公室。二〇〇二年，加入聯合國一級維和待命安排機制。二〇一三年十二月，中國首次派出三百九十五名安全部隊赴馬里維和。到二〇一三年，中國共參

▲ 二〇一三年十二月，中國首批赴馬里維和部隊出征。這是中國軍隊自一九九〇年首次派出聯合國維和人員以來，參與的第二十四項聯合國維和行動，也是中國軍隊首次派出安全部隊參與維和。

加二十四項聯合國維和行動，累計派出維和官兵二點二萬，九名維和官兵在執行任務中犧牲。常年有近二千名官兵在世界各地聯合國任務區維和。中國是聯合國安理會五個常任理事國中派遣維和軍事人員最多的國家，人數超過其他四個安理會常任理事國派出人數總和，也是繳納維和攤款最多的發展中國家。

中國認為，聯合國在維和方面應該發揮不可替代的主導作用，聯合國維和應該遵循《聯合國憲章》的宗旨和原則，以及其他國際關係準則，特別是尊重國家主權、不干涉內政以及徵得當事方同意、中立、除自衛外不得使用武力等原則。中國認為這些原則是維和行動順利進行並取得成功的

中國參與聯合國維和事務大事記	
1982 年 1 月	中國開始承擔聯合國維和費用。
1989 年 4 月	中國參加聯合國維持和平行動特別委員會會議。
1989 年 11 月	中國首次派文職人員參加聯合國維和行動。
1990 年 4 月	中國首次派出軍事觀察員參加聯合國維和行動。
1992 年 4 月	中國首次派遣成建制非作戰部隊參加聯合國維和行動。
2000 年 1 月	中國首次派出民事警察參加聯合國維和行動。
2002 年 2 月	中國正式加入聯合國一級維和待命安排機制。
2007 年 9 月	來自中國的趙京民少將正式就任聯合國西撒哈拉公民投票特派團部隊司令，成為首位擔任聯合國維和部隊高級指揮官的中國軍人。
2013 年 12 月	中國首次派出安全部隊參與聯合國維和行動。

根本保證。

在聯合國框架內推動裁軍

中國是聯合國安理會五個常任理事國之一，也是一個核大國。從擁有核武器的第一天起，始終恪守在任何時候和任何情況下不首先使用核武器的政策，並承諾無條件不對無核武器國家和無核武器區使用或威脅使用核武器。

一九八〇年中國開始參加日內瓦裁軍談判會議及其下屬各特委會和工作組的活動以來，每年都參加聯大主要討論裁軍與安全問題的第一委員會的工作，出席聯大裁軍審議委員會的年度例會，支持聯合國在防擴散領域

▲ 一九九六年九月，中國副總理兼外交部長錢其琛代表中國在紐約聯合國總部簽署了《全面禁止核實驗條約》。

▲ 二〇〇一年八月二十一日，中國軍控與裁軍協會在北京成立。這是中國軍控領域第一個非政府組織。

發揮應有的作用。到目前為止，中國參加了防擴散領域的所有國際條約和相關國際組織，建立了涵蓋核、生物、化學、導彈等相關敏感物項和技術及所有軍品的完備的出口管制法規體系，實行嚴格的出口審批程序，確保有效管控。嚴格履行國際條約義務，積極穩妥推進化學武器和常規武器領域軍控進程。

在常規武器軍控方面，中國認真履行《特定常規武器公約》及其附加議定書各項義務，採取切實措施確保現役殺傷人員地雷達到經修訂的《地雷議定書》有關技術要求，嚴格執行本國武器出口法規和安理會武器禁運決議，不向衝突地區和非國家實體轉讓武器；參與《武器貿易條約》談判進程，願就條約後續工作與各方保持溝通，共同致力於構建規範、合理的國際武器貿易秩序。

針對新產生的互聯網安全問題，中國主張各國應在相互尊重基礎上，通過務實合作維護共同安全，儘早制定國際規則，防止信息空間成為新戰場，呼籲國際社會在聯合國框架下共同制定網絡空間國際規則。中國與美國在中美戰略與安全對話框架內保持溝通；中國、俄羅斯和其他一些國家在二〇一一年向聯大提交「信息安全國際行為準則」，願與各方共同努力，就準則儘早達成共識，共同構建一個和平、安全、開放、合作的網絡空間。

此外，中國還積極裁減自己的軍事力量，增加透明度。一九八五年中央軍委決定裁減軍隊員額一百萬，一九九七年決定在隨後的三年內再裁減軍隊員額五十萬；二〇〇三年再次決定在二年內再裁減員額二十萬，使中國軍隊人數總體保持在二百三十萬以內。

在聯合國框架內推動人權改善和國際人權合作

增進並激勵對於全體人類之人權及基本自由之尊重，是聯合國的宗旨之一，保護和促進人權是《聯合國憲章》規定的目標之一。

一九七九年中國派代表團作為觀察員列席聯合國人權委員會會議。一九八一年在聯合國經社理事會上，中國當選為人權委員會成員。從一九八二年起，中國一直連任聯合國人權委員會成員，並派代表參加了人權委員會的每一屆會議，積極推動國際人權合作。中國支持聯合國人權事務高級專員辦事處（人權高專辦）的工作，二〇一〇至二〇一二年，分別向人權高專辦捐款二萬、三萬和五萬美元。二〇一一年，中國與人權高專辦合作舉辦「中國—聯合國司法研討會」，探討全球範圍內死刑改革趨勢等問題。

冷戰結束後，一些國家借人權問題對其他國家指手畫腳，頻頻干涉別國內政，圍繞人權問題的分歧成為國際南北矛盾的一個焦點。中國反對利用人權問題干涉別國內政，堅持在平等和相互尊重的基礎上與有關國家開展雙邊人權對話與交流。在國際上，中國不僅與歐盟、澳大利亞、加拿大、美國、挪威、英國、德國、瑞士等分別舉行人權對話，還與美國舉行中美法律專家交流，與歐盟舉行中歐司法研討會，與澳大利亞開展人權技術合作項目等。二〇一〇年至二〇一三年，中國人權研究會等主辦了第三屆至第六屆「北京人權論壇」，圍繞人權與發展、文化、科技、環境等的關係展開討論。該論壇已經成為包括發展中國家和發達國家在內的國際人權對話與交流的重要國際平臺。

中國積極參與聯合國框架內關於人權問題的合作。中國政府已加入包括《經濟、社會及文化權利國際公約》在內的二十七項國際人權公約，並

▲ 二〇一三年十一月十二日，聯合國大會改選聯合國人權理事會成員，中國高票當選，任期自二〇一四年至二〇一六年。

▲ 二〇一三年六月，中國國家主席習近平在北京會見聯合國秘書長潘基文。

積極為批准《公民權利和政治權利國際公約》創造條件。中國政府積極履行已參加的國際人權條約的義務，定期向聯合國遞交各項條約的履約報告，匯報履行相關公約的情況。在聯合國人權委員會，中國提出應順應歷史潮流，進行機制改革，發揚民主，增加決策透明度；反對把人權問題政治化和搞雙重標準，主張拋棄冷戰思維，倡導在人權領域平等、相互尊重基礎上的對話；用均衡的觀點處理人權問題，正確處理人權的普遍性與特殊性的關係，尊重各國在保護和改善人權方面的選擇；通過人權對話增進了解、相互借鑑。

中國重視人權問題，《中華人民共和國憲法》第二章第三十三條規定，「尊重和保障人權」。中國政府已經頒佈和修訂了許多法律以保護和促進人權。在國際上，中國不反對同其他國家就人權問題進行平等的、相互尊重的討論，但反對利用人權問題干涉中國內政，反對利用聯合國人權委員會將人權問題政治化。為了加強國際交流和溝通，一九九一年以來，中國陸續頒佈《中國的人權狀況》（1991 年）、《中國人權事業的進展》（1995 年）、《1996 年中國人權事業的進展》（1997 年）、《中國宗教信仰自由狀況》（1997 年）、《西藏自治區人權事業的新進展》（1998 年）、《中國人權發展 50 年》（2000 年）、《2000 年中國人權事業的進展》（2001 年）以及《2004 年中國人權事業的進展》（2005 年）、《2009 年中國人權事業的進展》（2010 年）、《2012 年中國人權事業的進展》（2013 年）、《2013 年中國人權事業的進展》（2014 年）等白皮書，將中國在促進和保護人權方面的努力和中國在人權領域的進展狀況介紹給國際社會。

支持聯合國改革

為了適應形勢變化的需要，提高聯合國的工作效率，中國積極支持聯合國改革。二〇〇五年，中國政府公佈了《中國政府關於聯合國改革問題的立場文件》，全面系統地闡述了中國對聯合國改革的立場。文件指出：聯合國的改革應有利於推動多邊主義，提高聯合國的權威和效率，以及應對新威脅和挑戰的能力；改革是全方位、多領域的，在安全和發展兩方面均應有所建樹，扭轉聯合國工作「重安全、輕發展」的趨勢，最大限度地滿足所有會員國，尤其是廣大發展中國家的要求和關切。

在聯合國改革的核心——安理會改革問題上，中國提出：安理會改革是多方面的，既包括擴大問題，也包括提高工作效率，應以提高安理會的權威和效率，增強其應對全球性威脅和挑戰的能力為目的，優先增加發展中國家代表性，堅持地域平衡原則，並兼顧不同文化和文明的代表性。

在解決全球問題上發揮建設性作用

隨著中國實力的增強和越來越深入地參與國際社會，中國政府積極參與國際社會應對各種全球性問題的協調與合作，積極承擔相應義務，發揮建設性作用，為維護世界共同安全、推動全球發展，承擔大國的責任。

以負責任的態度對待經濟問題

經濟全球化使全世界的經濟連為一體，也使任何經濟的危機和蕭條都會產生全球性的消極影響。改革開放以來，以出口導向為特點的中國經濟已經與世界經濟緊密地連為一體。每次世界經濟危機都對中國經濟產生巨大的消極影響。但中國相信，在全球化條件下，沒有世界經濟發展和繁榮，沒有周邊鄰國的崛起和強大，就沒有中國經濟的快速發展，幫助別人就是幫助自己。在爆發地區和世界性經濟危機時，中國承擔相應的損失和責任，發揮積極作用。如一九九七年中國的近鄰東南亞國家爆發了嚴重的金融危機，中國經濟也面臨巨大壓力。中國政府克服重重困難，堅持人民幣幣值穩定，積極擴大內需，不僅通過雙邊途徑向遭受經濟危機打擊最重的東南亞鄰國提供了大量的經濟援助，還通過國際貨幣基金組織向東南亞國家提供多邊框架下的幫助，為最終戰勝危機發揮了作用，贏得了鄰國的信任。

二○○一年加入世界貿易組織後，在權利與義務平衡的基礎上，中國嚴格遵守 WTO 規則，履行自己的承諾，降低關稅，減少非關稅壁壘，修改法律法規，擴大開放領域，不斷提高中國貨物貿易領域的自由化程度，

▲ 二〇一三年九月，中國國家主席習近平出席二十國集團領導人第八次峰會，提出要努力塑造各國發展創新、增長聯動、利益融合的世界經濟。

服務貿易對外開放領域進一步擴大，進一步加強知識產權保護，貿易政策更加規範透明；在世界貿易組織框架內，支持完善國際貿易和金融體制，推進貿易和投資自由化便利化，通過磋商協作妥善處理經貿摩擦。

二〇〇八年美國爆發的次貸危機引發了全球性國際金融危機，對全球

經濟產生了長時間、廣範圍的影響，也給中國經濟帶來嚴峻的挑戰。為應對國際金融危機衝擊，中國政府及時調整宏觀經濟政策，實施積極的財政政策和適度寬鬆的貨幣政策，推出了擴大內需、促進經濟增長的一攬子計劃，加快民生工程、基礎設施、生態環境建設。

在國際上，中國以積極的姿態參與國際合作，反對各種形式的保護主義，呼籲各國保持信心，加強溝通、相互支持，主張國際貨幣基金組織加強和改善對各方特別是主要儲備貨幣發行經濟體宏觀經濟政策的監督；改進國際貨幣基金組織和世界銀行治理結構；完善國際貨幣體系，健全儲備貨幣發行調控機制，保持主要儲備貨幣匯率相對穩定，促進國際貨幣體系多元化、合理化等。二〇〇八年國際金融危機爆發以來，中國不僅向國際貨幣基金組織投入資金，向面臨困難的國家伸出援手，還以自己堅實穩定的增長，與新興市場國家一道，支撐起全球經濟復甦的希望。

在二〇一三年二十國集團會議上，中國國家主席習近平向世界提出了發展創新、增長聯動、利益融合等一系列新理念，倡導二十國集團成員建立夥伴關係，樹立命運共同體意識，在競爭中合作，在合作中共贏，呼籲各國要採取負責任宏觀經濟政策，共同完善全球經濟治理，維護和發展開放型世界經濟。

在反恐問題上參與國際合作

二〇〇一年美國發生「9・11」事件後，恐怖主義已由一般意義上的非傳統威脅上升為國際公害，防範和打擊恐怖主義已成為世界主要國家安全戰略面臨的一項新的重大課題。

中國是恐怖主義的受害者，「東突厥斯坦」等恐怖勢力不斷在中國新疆製造恐怖事件，造成重大的人員傷亡和財產損失，嚴重危害中國各族人民群眾的生命財產安全和社會穩定。針對這一全球公害，中國根據「互信、互利、平等、協作」為核心的新安全觀，制定反恐政策，開展國際反恐合作，共同防範和打擊國際恐怖活動。

中國主張，反對恐怖主義要標本兼治，採取綜合措施，反恐鬥爭要注重綜合治理，努力消除產生恐怖主義的根源；打擊恐怖主義要證據確鑿，目標明確，符合《聯合國憲章》的宗旨和原則及公認的國際法準則，充分發揮聯合國和安理會的主導作用；不能將恐怖主義與特定的民族或宗教混為一談；不能對打擊恐怖主義採取雙重標準，無論恐怖主義發生在何時何地、針對何人、以何種方式出現，國際社會都應共同努力，堅決予以譴責和打擊。

中國積極支持和參與國際反恐合作，加入了《制止恐怖主義爆炸的國際公約》，簽署了《制止向恐怖主義提供資助的國際公約》。在十二項國際反恐怖主義公約中，中國已加入了十項，簽署了一項。二〇〇一年中國與上海合作組織其他成員國簽署了《打擊恐怖主義、分裂主義和極端主義上海公約》。根據該公約精神，上海合作組織在烏茲別克斯坦首都塔什干

▲ 參加多邊反恐軍事演習的中外官兵

設立地區反恐怖機構組織，作為上海合作組織成員國在打擊「三股勢力」等領域開展安全合作的常設機構。中國與上合組織成員國已共同舉行多次雙邊或多邊聯合軍事演習，使上海合作組織框架內的聯合反恐軍事演習機制化。

中國與美國、俄羅斯、英國、法國、巴基斯坦、印度等國分別進行了反恐磋商，並積極參加了安理會反恐委員會的工作，與三十多個國家進行

▲ 二〇一一年五月，「天山一2 號」上海合作組織成員國執法安全機關聯合反恐演習在新疆喀什舉行。圖為中國武警反恐部隊接受檢閱。

雙邊或多邊反恐怖交流。中國積極推動亞太經濟合作組織領導人上海會議發表反恐聲明，推動上海合作組織成員國政府首腦、國防部長、執法安全部門領導人和外長發表共同聲明，積極支持該組織建立地區反恐常設機構，在上海合作組織框架內多次舉行反恐演習。如二〇〇二年十月，中國與吉爾吉斯斯坦舉行了聯合反恐軍事演習；二〇〇三年八月，中、哈、吉、俄、塔五國軍隊在哈薩克斯坦和中國新疆舉行了上海合作組織框架內首次多邊聯合反恐演習；二〇〇六年，中國與哈薩克斯坦舉行聯合反恐演習「天山—1 號」；二〇〇七年九月，中國武警部隊與俄羅斯內衛部隊舉行「合作—2007」聯合反恐演習；二〇一一年五月上海合作組織成員國執法機關聯合在新疆喀什進行「天山—2 號」反恐演習。

積極參與應對氣候變化問題的國際合作

全球氣候變化及其不利影響是人類共同關心的問題。中國高度重視應對氣候變化，充分認識應對氣候變化的重要性和緊迫性，統籌考慮經濟發展和生態建設，既參與國際氣候合作，又加大氣候治理的力度。

中國積極參與氣候變化談判相關國際進程，如二〇〇七年在峇里島召開的聯合國氣候變化框架公約第十三次締約方第三次會議，二〇〇九年哥本哈根氣候變化會議，二〇一〇年坎昆會議，二〇一一年南非德班會議，二〇一二年多哈會議和二〇一三年華沙會議。中國領導人利用多邊場合以及在雙邊交往中，闡述了中國對於氣候變化國際合作的立場，主張本著「互利共贏、務實有效」以及「共同和有差別」的原則，推動「找到各國利益和全球利益的平衡點」。

中國參加了《聯合國氣候變化框架公約》及其《京都議定書》《關於

消耗臭氧層物質的蒙特利爾議定書》《關於持久性有機污染物的斯德哥爾摩公約》《生物多樣性公約》和《聯合國防治荒漠化公約》等五十多項涉及環境保護的國際條約，並積極履行這些條約規定的義務，承擔起與中國國情、發展階段相適應的義務。

中國積極參加和推動應對氣候變化的國際合作，加強與各國磋商與對話，探討應對氣候變化的政策，既與美國、歐盟、丹麥、日本等發達國家和地區磋商，也重視與其他發展中國家的溝通，推動建立「基礎四國」協商機制，並採取「基礎四國+」的方式，協調推動氣候變化談判進程。中國希望發達國家拿出誠意、兌現承諾，進一步提高減排力度，並向發展中國家提供資金、技術及能力建設支持，積極推動應對氣候變化的全球行動。

從可持續發展的角度來看，中國的節能減排、轉變發展方式，調整經濟結構、產業結構，是自身發展的需要。二〇〇五年中國制訂和頒佈實施了《清潔發展機制項目運行管理辦法》。二〇〇九年哥本哈根會議召開前，中國政府宣佈了到二〇二〇年單位國內生產總值溫室氣體排放比二〇〇五年下降百分之四十至百分之四十五的行動目標，並作為約束性指標納入國民經濟和社會發展中長期規劃。二〇一一年三月，全國人大審議通過的《中華人民共和國國民經濟和社會發展第十二個五年規劃綱要》提出「十二五」時期中國應對氣候變化約束性目標：到二〇一五年，單位國內生產總值二氧化碳排放比二〇一〇年下降百分之十七，單位國內生產總值能耗比二〇一〇年下降百分之十六。二〇一三年九月，國務院發佈《大氣污染防治行動計劃》，確立了防治大氣污染的十條措施和目標。二〇一三年十二月，中國公佈《國家適應氣候變化戰略》，對中國的氣候環境、應

▲ 二〇一三年十一月，聯合國氣候談判華沙會議閉幕，中國代表團團長解振華接受媒體採訪。

對氣候變化的戰略、政策、重點和機制建設方面都作了明確的規劃。

與此同時，中國開展相關能力建設，提高推動清潔發展機制項目開發的能力。截至二〇一一年七月，中國已經批准了 3154 個清潔發展機制項目，主要集中在新能源和可再生能源、節能和提高能效、甲烷回收利用等方面。其中，已有 1560 個項目在聯合國清潔發展機制執行理事會成功註冊，占全世界註冊項目總數的 45.67%，為《京都議定書》的實施提供了支持。

推動地區熱點問題的解決

冷戰結束後，國際局勢總體緩和，但地區熱點和地區衝突仍然頻繁發生，破壞了地區的穩定，地震、海嘯等自然災害對人類的生存和發展也造成巨大影響。

在其他國家遭受嚴重自然災害時，中國政府積極提供人道主義援助，幫助受害國人民渡過難關。如二〇〇四年底印度洋地震海嘯災難發生後，中國政府和人民對受災國的救災和重建工作提供了及時、真誠的幫助，開展了新中國成立以來規模最大的對外救援行動。

在地區熱點問題的解決過程中，中國政府遵循國際關係的基本原則，仗義執言，發揮建設性作用，推動地區熱點問題的妥善解決。

中東問題

中東問題，即阿拉伯國家（包括巴勒斯坦）與以色列之間的衝突問題，自一九四七年產生以來已經導致了三次大規模的戰爭，造成近百萬居住在巴勒斯坦的阿拉伯人淪為難民。阿拉伯人與以色列之間的矛盾從此不斷惡化，成為世界上持續時間最長的地區熱點問題。

中國一貫同情巴勒斯坦人民的不幸遭遇，堅決支持阿拉伯人民和巴勒斯坦人民收回失地和恢復民族權利的鬥爭，支持巴勒斯坦人民重返家園，建立獨立國家的權利。早在一九八八年，中國就承認巴勒斯坦國並與之建立了外交關係。另一方面，中國並不反對猶太民族和以色列人民，不贊成消滅以色列國家。

▲ 二〇一三年五月，中國國家主席習近平在北京與巴勒斯坦國總統阿巴斯會談。

巴勒斯坦問題是中東問題的核心，巴勒斯坦人民合法民族權利得不到恢復，巴勒斯坦和以色列的和平就不可能實現，中東地區和平穩定也無從談起，而中東的歷史和現實已經說明，武力解決不了中東問題，對抗無益於問題的解決。中國支持中東和平進程，派出了中東特使，為推動中東和平進程不斷取得進展作出了力所能及的努力和貢獻。

二〇一三年，中國新一屆政府剛一成立，即邀請巴勒斯坦和以色列領導人訪華。習近平在與巴勒斯坦總統穆罕默德·阿巴斯會談的時候，提出了解決中東問題四點主張：堅持巴勒斯坦獨立建國、巴以兩國和平共處這一正確方向；應該將談判作為實現巴以和平的唯一途徑；應該堅持「土地換和平」等原則不動搖；國際社會應該為推進和平進程提供重要保障。

對於中東問題中最難解決的耶路撒冷問題，中國認為應由有關各方在聯合國有關決議的基礎上通過談判加以解決，應避免採取任何與此相悖的單方面的行動。

阿富汗問題

阿富汗是中國的近鄰，是最早與中國建交的國家之一。中國一直支持阿富汗人民維護民族獨立和國家主權的正義事業，是阿富汗鄰國中唯一與之沒有歷史遺留問題的國家。

二〇〇一年「9·11」事件後，隨著美國反恐重心的轉移，阿富汗問題成為國際關注的焦點之一。作為鄰國，中國希望阿富汗成為一個和平的國家，一個與國際社會合作的國家，一個各民族人民和睦相處的國家。中國主張國際社會應堅定支持「阿人主導、阿人所有」的和平重建進程，尊重阿富汗政府和人民當家做主的權利，幫助阿富汗加強主權、自主權和發展能力；支持阿富汗加強能力建設，早日承擔起維護國家和平與穩定的重任；支持阿富汗自主推進民族和解；支持阿富汗發展經濟；支持阿富汗在相互尊重、平等互利基礎上發展對外關係。

二〇〇三年，阿富汗開啟了和平重建進程。十年來，在國際社會的大力支持下，阿富汗政府和人民經過不懈努力，在各方面取得了令人鼓舞的成就。中國支持阿富汗政府和人民維護穩定、發展經濟、和平重建的努力。中國向阿富汗提供了物質、現匯和優惠貸款等援助，並積極參與阿富汗的公路、水利、醫院等基礎設施建設，與國際社會一道，積極推動阿富汗的重建，推動阿富汗秩序的和平與穩定。十年來，中方已為阿富汗建成了醫院、學校、水利工程等多個民生項目。二〇一一年，中國政府決定向阿富汗再提供一點五億元人民幣無償援助。

▲ 二〇一三年九月，中國與阿富汗簽署兩國經濟技術合作協議。

蘇丹達爾富爾問題

二十世紀六七十年代，蘇丹西部達爾富爾地區由於乾旱和沙漠化侵襲，農牧民常因爭奪水草和土地資源而引發部落衝突，導致地區安全局勢惡化，最終於二〇〇三年爆發了達爾富爾地區反政府武裝與政府軍大規模衝突，演變成國際關注的熱點問題。

在聯合國安理會討論達爾富爾問題時，中國一直主張，應尊重蘇丹的主權和領土完整，通過平等對話和協商，政治解決該問題，反對動輒施壓和制裁，或以武力相威脅的做法；主張安理會有關舉措既應反映國際社會的共同願望，也要照顧蘇丹的合理關切，更應著眼於該問題最終得到妥善解決；國際社會應幫助蘇丹改善達爾富爾地區的人道和安全局勢，並提供重建和發展援助，儘快實現該地區的和平、穩定與發展；國際社會在參與解決蘇丹達爾富爾問題的過程中，應充分發揮聯合國、非盟和蘇丹政府三方機制的主渠道作用，平衡推進達爾富爾地區的維和行動和政治進程。

中國從有利於蘇丹長期穩定和發展的角度出發，向蘇丹提出了有關建設性的建議和忠告，幫助蘇丹加強與有關各方的溝通和協調。中國政府於二〇〇七年設立了達爾富爾問題特別代表，多次訪問蘇丹和歐、美、非相關國家，以及聯合國、非盟、阿盟和歐盟，與各方保持著密切聯繫與溝通，在不同場合廣泛做各方工作，縮小立場分歧，增信釋疑，並與有關方面一道推動聯合國、非盟與蘇丹政府就在達爾富爾地區部署非盟—聯合國「混合行動」達成一致。二〇〇七年七月，中國在任安理會輪值主席期間，積極推動安理會一致通過一七六九號決議，使國際社會為推動達爾富爾問題解決所作的努力取得了階段性成果。應聯合國請求，中國承諾向達爾富爾地區派遣三百一十五人的多功能工兵連，參與達爾富爾地區維和行

▲ 中國維和部隊在南蘇丹開展義診活動。

功，並向該地區提供了多項人道主義援助，積極參與當地的重建和經濟發展。

根據二〇〇五年一月九日蘇丹北南雙方簽署的《的全面和平協議》，二〇一一年一月九日，南部蘇丹就其未來的地位問題舉行公投。中方應北南雙方邀請派團赴蘇觀察公投。根據公投結果南部地區從蘇丹分離，成立南蘇丹共和國。中華人民共和國政府對南蘇丹獨立致以熱烈祝賀，宣佈承認南蘇丹共和國，並自即日起與其建立大使級外交關係。對於南蘇丹和蘇丹之間仍存在的部分懸而未決問題，中方相信其通過談判與協商解決相關問題，也希望南蘇丹與蘇丹兩國永做好鄰居、好夥伴、好兄弟。

朝鮮核問題

冷戰結束後，國際安全環境發生了重大變化，一方面一些國家為了追求自身的安全或出於其他方面的考慮致力於發展核武器，另一方面，大規模殺傷性武器及其運載工具的擴散成為國際社會關注的熱點問題。朝鮮核問題和伊朗核問題是典型的例子。

朝鮮核問題自二十世紀九〇年代初顯現以來，一直備受國際社會關注。中國一直關注朝鮮核問題，為朝核問題的解決展開了多邊外交努力。二〇〇三年朝鮮核問題成為國際熱點問題後，中國政府積極斡旋，促成了二〇〇三年在北京的三方會談和此後的北京六方會談，推動朝鮮半島核問題六方會談取得了一些階段性進展，於二〇〇七年二月和十月通過《落實共同聲明起步行動》共同文件和《落實共同聲明第二階段行動》共同文件，確立了朝鮮半島無核化的目標。

中國一貫反對核擴散，主張朝鮮半島無核化，致力於維護半島持久和

▲ 朝鮮核問題六方會談全體會議在北京舉行。

平與穩定。二〇〇六年十月九日和二〇〇九年五月二十五日朝鮮二次核試驗後，中國和六方會談的其他國家一起予以譴責，並在聯合國安理會投票支持針對朝鮮的核武器、導彈等大規模殺傷性武器相關領域採取制裁措施。二〇一三年二月朝方不顧國際社會反對，第三次進行核試驗，中國政府再次表達強烈不滿和堅決反對。中國外長召見朝鮮駐華大使，提出嚴正交涉，要求朝方停止採取進一步激化局勢言行，儘快回到對話協商軌道。在聯合國，中國支持安理會通過了對朝鮮進行制裁的第二〇九四號決議。

中國在朝鮮半島核問題上的立場是，不管局勢如何變化，有關各方都應堅持半島無核化目標，堅持維護半島和平穩定，堅持通過對話協商解決問題。中國也認為朝鮮作為主權國家和聯合國會員國，其主權、領土完整與合理安全關切及發展利益應得到尊重，朝鮮在重返《不擴散核武器條約》後應享有締約國和平利用核能的權利。中國一貫認為對話協商是解決半島核問題的正確途徑，六方會談是推進半島實現無核化的有效平臺。中方反對任何惡化朝鮮半島局勢和平與穩定的舉措，希望有關各方遇事時能保持冷靜克制，儘早重啟六方會談進程，以和平方式解決朝鮮半島核問題，維護半島及東北亞地區的和平與穩定。

伊朗核問題

伊朗核問題與朝鮮核問題類似，二〇〇三年升級成為國際熱點問題。在這個過程中，伊朗一直強調和平利用核能資源的權利，但在與國際原子能機構的合作及暫停鈾濃縮活動方面多次出現反覆。西方對伊朗的核計劃施加壓力，造成伊朗與西方在這個問題上的僵持。

中國一直支持維護國際核不擴散體系。在伊朗核危機爆發後，中國從維護國際核不擴散體系和中東和平穩定的大局出發，一直積極勸和促談，主張通過政治和外交途徑和平解決伊朗核問題，以維護中東地區的和平與穩定。中國認為伊方擁有和平利用核能的權利，讚賞伊朗多次表示無意發展核武器並開展與國際原子能機構的合作。中國也認為，伊朗作為《不擴散核武器條約》的締約國，在享有和平利用核能權利的同時，也應該履行相應的國際義務，維護國際核不擴散體系，希望伊朗加強與國際原子能機構的合作。中國積極參與國際原子能機構和聯合國安理會審議伊朗核問題的進程，多次參加伊朗核問題六國機制外長和政治總司長會議，並於二〇〇八年四月在上海主辦伊朗核問題六國政治總司長會議。

▲ 二〇一三年十月，伊朗新政府上台後的首輪伊核「六方會談」在瑞士日內瓦召開，伊朗與美國、英國、法國、俄羅斯、中國、德國展開新一輪核問題談判。

經過長期外交角力，二〇一三年十一月，伊朗同中國、法國、德國、俄羅斯、英國和美國等六國就解決伊核問題達成框架協議，為通過外交手段解決伊核問題邁出重要一步。作為六方談判的一方，中國為協議的達成作出建設性的貢獻，希望各方共同落實好協議，保持好對話談判勢頭，本

著相互尊重、分步對等原則，朝著全面、長期、徹底解決伊核問題的共同目標不斷邁進。

敘利亞問題

二〇一一年三月，敘利亞爆發政治危機，隨後發展成為嚴重的內部武裝衝突，國家陷入內戰，給敘利亞人民和周邊鄰國都造成巨大的痛苦與創傷，引發國際社會的廣泛關注。美歐對敘進行制裁，阿盟不斷施壓，敘利亞政權出現嚴重危機。

從危機爆發開始，中國就主張儘快啟動由敘利亞人民主導、各方廣泛參加的包容性政治進程，通過對話協商和平解決矛盾，使敘利亞局勢儘快恢復穩定。內戰爆發後，中方強烈敦促敘政府和各政治派別立即、全面停止所有暴力活動，立即開啟不附帶先決條件的包容性政治對話，協商全面政治改革方案及機制。

中國反對使用武力解決敘利亞問題，堅決反對強行推動「政權更迭」等違背《聯合國憲章》的宗旨和原則以及國際關係基本準則的做法。二〇一一年十月四日和二〇一二年二月四日，中國和俄羅斯在聯合國安理會就敘利亞問題決議草案進行的表決中投了反對票，否決了一些國家起草的涉敘決議草案，避免了由於外部干涉對這個地區一些國家所造成的國內混亂和災難局面的再次發生。

與此同時，中國政府為敘利亞和平作出積極、平衡的外交努力。中國派出特使，訪問敘利亞和中東其他國家，進行斡旋，與包括敘利亞政府和反對派在的敘利亞內戰有關各方和中東主要國家保持接觸，提出關於政治解決敘問題的六點主張，敦促敘政府及有關各方迅速停止使用暴力，積極配合聯合國、紅十字國際委員會等組織，緩解人道主義狀況，呼籲有關各方在阿盟框架內，以阿盟有關政治解決方案為基礎，加強溝通協商，共同致力於敘危機的和平、妥善解決。

中方關注敘利亞人道主義狀況，向敘利亞人民包括境外難民提供力所能及的援助。包括向敘利亞境內外平民提供的一千一百多萬美元的人道主義援助；對敘利亞鄰國約旦提供的一千五百萬元人民幣的緊急人道主義物資援助；向世界糧食計劃署和世界衛生組織提供二千四百多萬元人民幣緊急人道主義現匯援助，用於救助敘利亞境內的流離失所者和黎巴嫩境內的敘利亞難民。但中國反對任何人借「人道主義」問題之名行干涉敘利亞內部事務之實。

▲ 二〇一三年十二月三十一日，中國海軍艦艇赴地中海為運輸敘利亞化學武器船隻護航。根據禁化武組織和聯合國安理會分別通過的銷毀敘化武決定和第二一一八號決議，敘利亞化學武器將由敘國內轉運至美國化學武器銷毀船進行銷毀。中國、俄羅斯、丹麥、挪威等國分別派出軍艦為運輸敘化武船隻護航。

二〇一三年八月，在敘利亞大馬士革東部郊區發生了化學武器攻擊事件，造成大量人員傷亡，震驚國際社會。敘利亞內戰雙方互相指責，以美國為首的國家確定敘當局是兇手，並擬採取軍事行動進行打擊，遭到俄羅斯的反對。美俄在日內瓦達成協議，要求敘利亞當局在二〇一四年年中之前將化學武器全部銷毀，並立即加入《禁止化學武器公約》，來作為暫時解決此事件的措施。聯合國安理會一致通過二一一八號決議，肯定「以交化武換和平」的做法，決議要求敘利亞與禁止化學武器組織和聯合國合作，消除其化武計劃。

中國堅決反對任何國家、任何人使用化武，對在敘利亞境內發生的使用化武行徑予以強烈譴責。同時中國支持通過和平方式解決敘化武及相關問題，反對對敘進行外部軍事干預。中國歡迎並支持俄羅斯提出的倡議，在安理會投票支持二一一八號決議。中國希望安理會決議和禁化武組織執理會決定得到全面、準確執行；禁化武組織和聯合國以客觀、公正、中立和專業精神開展核查和銷毀工作，並表示願派專家參與有關工作，並提供相關資助。

第四章 中國外交的佈局

互相尊重主權和領土完整、互不侵犯、互不干涉內政、平等互利、和平共處五項原則是國際關係的重要規範之一。堅持在和平共處五項原則的基礎上與所有國家發展和平友好關係，是中國外交的重要內容。

中國始終秉持和平共處五項原則，積極發展與不同國家關係，同世界發達國家的關係在和平共處五項原則基礎上保持總體穩定，與周邊國家的睦鄰友好關係處於建國以來的最好時期，同廣大發展中國家的團結合作進一步鞏固和加強。當前中國的國際環境和周邊環境都是新中國成立以來的最好時期。

和平共處五項原則的發展

「和平共處五項原則」最先是由中國總理周恩來於一九五三年十二月底會見來訪的印度代表團時提出的。當時，中國政府代表團和印度政府代表團就中印兩國在中國西藏地方的關係問題開始談判。周恩來總理在談話中說：「新中國成立後就確定了處理中印兩國關係的準則，那就是，互相尊重領土主權，互不侵犯，互不干涉內政，平等互利和和平共處的原則。」這一主張得到印度方面的贊同，並被載入《中印關於中國西藏地方和印度之間的通商和交通協定》的序言中。

一九五五年四月，周恩來參加了在印度尼西亞萬隆召開的有二十九個

▲ 一九五五年四月，周恩來總理出席在印尼萬隆召開的亞非會議，重申和平共處五項原則。

▲ 二〇一四年六月，和平共處五項原則發表六十週年紀念會在北京舉行。

國家參加的亞非會議（又稱萬隆會議）。會議最後公報所提出的國際關係十項原則是對和平共處五項原則的延伸。在這之後，中國先後同緬甸、尼泊爾、蒙古、巴基斯坦、阿富汗等國在和平共處五項原則的基礎上，解決了歷史遺留下來的邊界問題。

一九六三年底至一九六四年春，周恩來出訪亞洲、非洲和歐洲十四國，發表了中國對外經濟技術援助的八項原則，把和平共處五項原則擴展到經濟合作領域。一九七二年美國總統尼克松訪華期間發表的《中美聯合公報》和一九七八年發表的《中美建交聯合公報》，以及一九七八年中日兩國簽訂的《和平友好條約》等重要國際文件，都強調將和平共處五項原則作為發展雙邊關係的指導性原則。

中國最初提出這五項原則時，主要強調用它來指導中國與不同社會制度國家的關係。後來的實踐表明，如果遵循和平共處五項原則，社會制度不同的國家可以和睦相處，友好合作；如果違背和平共處五項原則，社會制度相同的國家也可能尖銳對抗甚至發生衝突。國與國之間關係好壞，關鍵在於雙方是否嚴格遵守和平共處五項原則。

一九八二年十二月，中國五屆人大五次會議通過的新憲法以國家根本大法的形式規定：「中國堅持獨立自主的對外政策，堅持互相尊重主權和領土完整、互不侵犯、互不干涉內政、平等互利、和平共處的五項原則，發展同各國的外交關係和經濟、文化的交流。」

中國是和平共處五項原則的倡導者，也是實踐者。到目前為止，和平共處五項原則已經被載入中國與一百七十二個國家的建交公報或其他重要雙邊文件中。中國堅持在和平共處五項原則的基礎上，同世界各國建立和發展關係，形成了外交關係全面發展的良好局面。在國際上，中國主張以和平共處五項原則為基礎，建立和平、穩定、公平合理的國際政治新秩序和國際經濟新秩序。

保持與發達國家關係的穩定和平穩發展

外交是實現國家對外政策目標、維護國家利益的重要手段。國家利益是多元的，在不同歷史階段和不同國內外背景下具有不同的側重點。新中國成立後的前三十年，中國的國家利益首要是維護國家主權、領土完整和安全。二十世紀八〇年代以來，隨著國內工作重心的轉移，中國的國家利益主要表現為促進經濟發展，不斷提高綜合國力，改善人民的生活水平和質量。與之相適應，外交工作的主要任務，是為國內經濟建設創造一個長期和平的國際環境和良好的周邊環境。

從實現當前中國外交政策的目標看，穩定與發達國家的關係具有重要的意義。首先從保持中國經濟發展來看，發達國家——美國、歐盟、日本——是中國最主要的貿易夥伴。根據中方統計，中國與它們的貿易額多年來一直占中國對外貿易總額的百分之四十以上；中國吸引外資中的大約四分之一來自美、歐、日三個發達經濟體；發達國家又是中國引進技術的主要來源，是中國留學生的主要求學目的地。穩定與發達國家的關係是改革開放以來中國對外關係成功經驗的總結，也是中國繼續保持國內經濟持續發展的條件。

從政治和安全利益來看，中國與發達國家存在著政治制度、價值觀念和生活方式等方面的差異，中國面臨的許多政治和安全問題都或多或少與它們有某種聯繫。此外，與它們關係的好壞還將影響中國與其他國家的關係，從而影響中國外交目標是否能夠實現。因此，中國共產黨第十八次代表大會的政治報告提出，中國將改善和發展同發達國家關係，拓寬合作領域，妥善處理分歧，推動建立長期穩定健康發展的新型大國關係。

保持中美關係的穩定健康發展

在中國與西方大國的關係中，與美國的關係是關鍵中的關鍵。中國是最大的發展中國家，美國是最大的發達國家。中美關係無論對雙方還是對整個世界，都是極為重要的雙邊關係。六十年來，中美關係歷經風風雨雨，既有對抗和摩擦，也有合作和協調，通過不斷加強溝通、深化交流，形成了當前彼此高度依存的關係。

▲ 一九七二年美國總統尼克松訪華期間，中國領導人毛澤東會見尼克松。

歷史地看，六十年來中美關係的發展可以分成三個二十年。新中國成立初期的二十年是中美對立、對抗和衝突的二十年。美國不承認中華人民共和國政府，對新中國執行了政治上孤立、經濟上封鎖、軍事上遏制的政策。新中國政府為了維護自己的主權、獨立和領土完整，不得不與美國進行全面的鬥爭和較量。

第二個二十年是中美戰略合作的二十年。二十世紀六〇年代後期美蘇力量對比的變化不僅改變了國際格局，也使中美關係實現了緩和。一九七二年尼克松總統訪華，中美雙方發表了《上海公報》，開啟了中美雙邊關係正常化的大門，也啟動了雙方在戰略方面的合作。一九七九年中美正式建交，將兩國關係推向一個新的臺階，雙方在戰略、經貿、教育與文化等方面的合作都進入一個全新的階段。

冷戰結束後，中美關係進入了動盪、調整和磨合的二十年。一九八九年美國實行「對華制裁」，中美關係進入了艱難的磨合期。一九九二年美國政府違背在售臺武器問題上的承諾，向臺灣出售了價值六十億美元的戰機；一九九五年美國政府出爾反爾，允許主張「臺獨」的臺灣地區領導人李登輝訪問美國；一九九九年以美國為首的北約在對南聯盟進行干涉過程中轟炸中國駐南聯盟大使館；二〇〇一年美國政府加大對中國的空中偵察，造成美國間諜飛機撞擊中國戰機、機毀人亡的惡性事件……美國對中國主權的侵犯，遭到中國政府和人民的強烈反對和抗議，中美關係也因此不斷遭受挫折。

在新的形勢下，中美關係雖然存在分歧，但雙邊之間的共同利益也在不斷增加，已經遠遠超過了雙方之間的分歧。中美雙方在維護世界和平、解決全球和地區問題上，如防止大規模殺傷性武器的擴散、解決朝鮮半島和伊朗核問題、打擊跨國犯罪、應對氣候變化、自然災害救援、重大疾病防控等領域，都具有廣泛的共同利益。在這些問題上加強溝通與合作成為中美雙邊關係新的戰略基礎。

快速發展的中美經貿關係已經成為雙邊關係的新的基石。中美建交的一九七九年，雙邊的貿易額只有二十四億美元，到二〇一三年這一數字已經超過五千億美元，相互投資超過一千億美元 ，兩國已互為第二大貿易夥伴。快速發展的經貿關係不僅給兩國各自的發展帶來了巨大紅利，也成為中美關係歷經風雨但始終破浪前行的壓艙石。

除經貿合作外，兩國高層及各級別對話交往與日俱增，已經建立起涵蓋政治、外交、經貿、軍事、文教、科技等廣泛領域的九十多個對話合作

▲ 一九七九年一月，鄧小平訪問美國，出席卡特總統在白宮舉行的歡迎儀式。這是中華人民共和國領導人第一次訪問美國。

機制。更為重要的是，兩國關係已經不僅僅是兩個國家或兩個政府之間的關係，而日益發展為兩個社會之間的關係。如建交之初，中美民間交往寥寥無幾，而今兩國人員往來增加到每年四百多萬人次，每天有上萬人往返於太平洋兩岸。中國現有二十三點五萬學生留學美國，是美最大留學生來源國；二〇〇九年奧巴馬總統訪華時宣佈了旨在通過四年時間向中國派遣十萬名留學生的「十萬強」計劃，截至二〇一三年，已推動六點八萬學生來華留學。三十五年來，雙方還締結了四十一對友好省州和二百零一對友好城市。這些不同的紐帶，將中美之間緊緊地聯繫在一起。

當然，隨著雙邊關係的加強，矛盾和分歧也在增加。其中臺灣問題一直是中美關係中最敏感、最關鍵的問題。美國不顧中方反對，堅持向臺灣出售武器，提升美臺實質關係，侵犯了中國主權，干涉了中國的內政，損害了中國的核心利益。此外，美國利用涉藏、人權、宗教等問題干涉中國內政，這些都對中美合作大局形成了負面影響和干擾，是中國政府堅決反對的。

中國重視中美關係，希望雙邊關係在中美三個公報所確立原則的基礎上平穩發展。值得欣慰的是，二〇〇九年四月中國國家主席胡錦濤與美國總統奧巴馬在倫敦二十國集團金融峰會期間舉行的首次會晤中，一致同意共同努力建設「二十一世紀積極合作全面的中美關係」。為此，雙方還協議建立中美戰略與經濟對話機制，這一機制目前已經成為雙方擴大共識、減少分歧、加深互信、促進合作，推動兩國關係朝著積極合作全面的方向不斷發展的重要保證。

▲ 二〇一三年七月，第五輪中美戰略與經濟對話會議在美國華盛頓舉行。

中美戰略與經濟對話

為適應全球化背景下中美關係不斷深入發展的要求，根據雙方最高領導人的協議，中美雙方就事關兩國關係發展的戰略性、長期性、全局性問題而進行的對話，是雙邊眾多對話機制中層次最高、內容最豐富的對話機制。二〇〇九年七月，首輪中美戰略與經濟對話在華盛頓舉行。二〇一〇年五月，第二輪對話在北京舉行。二〇一一年五月，第三輪對話在華盛頓舉行，中美軍方代表首次參加對話。二〇一二年五月，第四輪對話在北京舉行。二〇一三年七月，第五輪對話在美國華盛頓舉行。在對話中雙方就釐清兩國共同利益、推進新時期中美關係、妥善處理相互間的分歧和敏感問題、加強重大國際地區問題上的協調、深化在國際體系和亞太事務中的合作等問題進行深入探討。

中美之間已是日趨緊密的利益共同體，對抗將是雙輸，戰爭沒有出路。如何處理好中美兩國之間的關係，對雙方乃至世界未來的發展都具有重要的意義。但是，隨著中美兩國之間的力量對比在發生變化，歷史上新興大國與既有大國之間發生對抗和戰爭的舊邏輯，像籠罩在中美關係頭頂上的烏雲，影響著雙邊關係的發展。

二〇一三年六月，中國國家主席習近平應邀與美國總統奧巴馬在安納伯格莊園舉行歷史性會晤。習近平在會晤中提出，在中美之間構建以「不衝突、不對抗」「相互尊重」「合作共贏」為特徵的新型大國關係。中美新型大國關係的構想，為改變對兩國關係的負面預期，解決兩國之間的戰略互不信，構建對關係前景的正面信心提出發展方向。

中美構建新型大國關係之路，應始自亞太，成敗很可能也取決於亞太。亞太是中美利益交織最密集、互動最頻繁的地區，兩國的亞太地區政策以及兩國間的互動，對亞太地區的發展和穩定具有重要意義。習近平主席指出，寬廣的太平洋有足夠空間容納中美兩個大國。中國尊重美國在亞太的傳統影響和現實利益，從未想過要把美國從亞太排擠出去，而是希望美國為維護亞太和平穩定發展發揮積極和建設性作用；也從未想挑戰甚至取代美國地位的戰略意圖，而是真心實意地希望和包括美國在內的各國共同維護和平，共同實現發展。當然，亞太是中華民族幾千年來的安身立命之所，中方希望美方也應尊重中國的利益與關切。

不斷深化中歐關係

中國是世界上最大的發展中國家，歐洲是世界上發達國家最為集中的地區，歐盟是世界上由發達國家組成的最大的經濟政治集團。中歐關係是中國重要的雙邊關係之一，發展中歐關係是中國的一貫政策。

受冷戰格局影響，二十世紀五六十年代西歐國家中只有法國於一九六四年與中國建立了外交關係。其餘國家是在七〇年代，隨著國際形勢的緩和才先後與中國建交的。在此基礎上，一九七五年中國與歐盟建立了正式關係。到目前為止，中國與除梵蒂岡以外的所有歐洲國家都保持外交關係。

二十世紀八〇年代初期中國外交政策調整之後，提出不以社會制度和意識形態論親疏，為經濟互補、制度不同的中國與西歐，以及加拿大、澳大利亞和新西蘭等西方發達國家關係的發展開闢了新的前景。中國與這些國家的高層領導互訪頻繁，經濟合作領域廣泛，形式多樣，貿易額增加迅速。在這種條件下，中國與英國、葡萄牙經過友好協商達成了協議，確立了中國收復對香港和澳門行使主權的基本原則。

一九八九年中歐關係一度受挫，但很快於一九九〇年下半年開始恢復。一九九一年英國首相、意大利總理先後訪華；一九九四年中國國家主席江澤民對法國進行了國事訪問，提出了中國發展與西歐國家關係的原則。同年，歐盟取消了除軍售以外的對華制裁，雙方簽署政治對話協議，中歐關係恢復正常。隨後中歐關係發展迅速：一九九八年中歐雙方協議建立領導人年度會晤機制；二〇〇一年雙方決定建立全面夥伴關係；二〇〇三年，中歐建立全面戰略夥伴關係。一九九八年建立的中歐領導人年度會

◀ 一九六四年一月，法國與中國建交，成為第一個與中華人民共和國建交的西方大國。圖為當年六月中國首任駐法大使黃鎮向戴高樂總統遞交國書後合影。

晤機制是雙方最高級別的政治對話機制，到二〇一三年為止，已舉行十六次。中歐雙方已建立六十多個磋商和對話機制，涵蓋政治、經貿、人文、科技、能源、環境等各領域。

中歐關係從一開始就具有全球戰略意義。中國重視歐盟在地區和國際事務中的作用和影響，歡迎歐盟在國際事務中發揮建設性作用。不管是早期反對國際霸權主義維護世界和平，還是推動國際政治的國際化和民主化，中國一直支持歐洲國家的聯合自強。二〇〇三年十月，中國發表《中國對歐盟政策文件》，闡述了歐盟在中國對外關係中的地位，表明了中國致力於構築中歐長期穩定的全面夥伴關係的決心。文件提出了中國對歐盟的政策目標，並就加強中歐在政治、經濟、教育、科技、文化、衛生、社會、司法、行政、軍事各個領域的合作提出了具體要求。

歐盟亦重視發展與中國的關係，歡迎中國的開放和發展，支持中國走和平發展道路。一九九五年歐盟委員會通過「中歐關係長期政策」，確立了歐盟對華戰略性政策框架。其後，歐盟委員會先後發表「歐盟對華合作新戰略（1996）」、「與中國建立全面夥伴關係」（1998）、「歐盟對華戰略：一九九八年文件執行情況和促進歐盟政策更為有效的未來步驟」（2001）、「走向成熟的夥伴關係——歐中關係之共同利益和挑戰」（2003 年）等政策性文件，闡明歐盟對華政策的指導思想、目標和規劃。二〇〇六年十月，歐盟發表自一九九五年以來第六份對華政策文件。

良好的政治關係為經濟關係的發展創造了條件。二〇〇四年實現東擴後的歐盟成為中國第一大貿易夥伴，二〇一二年中歐雙邊貿易額總值為 5460.4 億美元，歐盟在華直接投資項目 36639 個，實際投入 839.3 億美元。其中，二〇一二年，歐盟在華直接投資項目 1698 個，實際投入 61.1

▲ 二〇一三年十月，中國總理李克強在北京與歐洲理事會主席范龍佩、歐盟委員會主席巴羅佐共同會見記者，介紹第十六次中歐領導人會晤成果。

億美元。歐盟是中國第一大貿易夥伴、最大出口市場、最大技術引進地和第四大外資來源地，幾乎歐盟國家所有的大企業都在中國有投資。二〇一二年，中國對歐非金融類投資 34.1 億美元。中歐就宏觀戰略問題進行深入溝通的重要平臺的中歐高級別戰略對話迄已舉行三輪。

隨著政治關係加強，經貿往來的增加，中歐人文交流也在不斷增加。截至二〇一二年底，中國在二十五個歐盟成員國建立了一百零五所孔子學院，在十三個成員國建有一百零七所孔子課堂；中國在歐盟國家的留學人員總數為 24.29 萬人。二〇一二年全年，歐盟二十七國共有 3.54 萬人來華留學，占二〇一二年來華留學人員總數的百分之十點八。

中歐關係的發展也並非沒有遇到困難。其中涉及中國領土主權的問題對中歐關係的傷害最大。如一九八二年荷蘭政府不顧中國政府的反對堅持向臺灣出售潛艇，導致中荷關係的降級；一九九二年法國政府向臺灣出售幻影戰機，導致中法關係遭受波折等。又如歐洲一些國家領導人執意會見意圖將中國西藏從中國領土上分裂出去的達賴喇嘛，導致中國與相關國家關係的波折，也影響中歐關係的發展。此外，隨著中歐關係的深入發展，雙方之間的經濟摩擦也時有發生。

但是，中歐之間沒有根本的利害衝突，中歐全面戰略夥伴關係並不要求雙方在所有問題上的看法都一致，而是需要雙方本著求同存異的原則，減少分歧，擴大信任，擴大合作。中國願與歐盟尊重彼此的核心利益，在和平共處五項原則的基礎上不斷充實和發展中歐全面戰略夥伴關係。

發展中日世代友好

中日兩國是一衣帶水的鄰邦，曾經有過悠久的友好交往歷史。在新中國成立前的一段時期內，日本軍國主義者對中國發動的侵略戰爭使中國人民遭受了深重的災難。周恩來總理曾用「兩千年友好，五十年對立」來形容中日友好交往史中這段不愉快的經歷，並為發展雙邊關係提出了「以史為鑑，面向未來」的原則。

受二十世紀七〇年代初期國際局勢變化的影響，中日於一九七二年結束了兩國關係的不正常狀態，發表《中日聯合聲明》，建立了外交關係。一九七八年雙方簽署了《中日和平友好條約》，確立在和平共處五項原則的基礎上發展全面的中日關係，奠定了中日睦鄰友好的政治基礎。

二十世紀八〇年代以來，中日關係取得了重大成就：兩國高層互訪頻繁；建立了多層次的雙邊合作機制，如兩國政府成員會議，由老、中、青代表組成的「中日友好二十一世紀委員會」，中日外交當局之間的定期磋商，以及中日安全磋商等。

政治關係的良好發展為中日經貿等各領域的合作創造了條件。在《中日聯合聲明》中，中國政府宣佈，為了中日兩國人民的友好，放棄對日本國的戰爭賠償要求。從一九七九年到二〇〇〇年，日本向中國政府提供了四批日元貸款，總額 2.65 萬億日元。二〇一二年中日雙邊貿易總額達 3294 億美元。中國經濟的快速發展，給日本帶來了重要機遇，成為拉動日本經濟走出低谷、轉向穩定增長的重要外部促進因素。

但是，一些不和諧的噪音始終夾雜在中日和平友好的主旋律間。其中影響最大的是日本政府對日本侵略歷史的認識和態度問題。在中日實現邦

▲ 一九七二年九月，中日兩國政府在北京發表聯合聲明，實現兩國關係正常化。圖為中國總理周恩來與日本首領田中角榮交換《中日聯合聲明》簽字文本。

▲ 一九七八年八月，《中日和平友好條約》在北京簽署。

交正常化的《中日聯合聲明》中，日方表示：「日本方面痛感日本國過去由於戰爭給中國人民造成的重大損害的責任，表示深刻的反省。」但從二十世紀八〇年代開始，日本政府多次「審定」竄改歷史、美化侵略的教科書，導致中國和亞洲其他鄰國的抗議。一九八五年日本內閣首相以公職身分參拜供奉有十四名二戰期間甲級戰犯靈位的靖國神社，遭到中國和其他亞洲國家的抗議，此後日本領導人停止了對靖國神社的參拜。但二十一世紀初，日本領導人和一些政要不顧包括中國人民在內的亞洲各國人民的反對，堅持參拜靖國神社，導致中日之間高層互訪一度中斷，不僅影響日本與中國及亞洲其他國家的關係，也破壞地區和平穩定，阻礙亞洲一體化進程。

其次，臺灣問題也是影響中日關係的一個因素。日本曾對臺灣進行過

靖國神社問題

歷史上日本曾對鄰國發反動侵略戰爭，給這些國家造成了嚴重災難和損失。日本政府如何對待歷史上侵略戰爭的態度問題，一直是日本與包括中國在內的亞洲鄰國之間非常敏感的政治問題。靖國神社問題是這個問題的試金石。

靖國神社是日本東京的一座神社，供奉自明治維新以來在戰爭中戰死的軍人及軍屬，戰前是日本軍國主義對外侵略的精神支柱。一九七八年，十四個被盟國遠東軍事法庭入罪和處決的甲級戰犯名字被安置並供奉在靖國神社內。此外，神社裡還供奉有二千多名乙、丙級戰犯，被東亞各國視為日本軍國主義的象徵。

一九八五年八月十五日，中曾根康弘以日本首相的身分參拜靖國神社，遭到包括中國在內的亞洲鄰國的強烈批評，引發了外交危機。他之後歷屆日本首相都避免參拜，以免刺激鄰國。二〇〇一年，小泉純一郎就任首相後，不顧中國、韓國等的反對，執意參拜靖國神社，導致中日關係的冰凍。小泉以後的幾位首相都避免參拜，中日關係才走出低谷。七年後的二〇一三年十二月二十六日，安倍晉山首相再次參拜該神社，使因釣魚島問題而惡化的中日關係雪上加霜，中國政府向日方提出嚴正交涉，強烈抗議和嚴厲譴責。

在中國和亞洲其他一些國家看來，日本政府領導人參拜靖國神社，絕不是日本的內政，更不是什麼個人問題。其實質是日本政府能否正確認識和深刻反省日本軍國主義對外侵略和殖民統治歷史，關乎日本同包括中國在內亞洲鄰國和國際社會關係的政治基礎的問題，是一個嚴重的政治和外交問題。

五十年的殖民統治，二戰後根據相關國際文件將臺灣歸還中國。《中日聯合聲明》中載有，「中華人民共和國政府重申：臺灣是中華人民共和國領土不可分割的一部分。日本國政府充分理解和尊重中國政府的這一立場，並堅持遵循波茨坦公告第八條的立場。」但是仍然不斷有一些日本政界人士對臺灣抱有幻想，企圖插手和干涉臺灣問題。中國政府明確表示，中國並不反對日本與臺灣開展民間往來，但反對任何形式的官方往來，或搞任何形式的「兩個中國」或「一中一臺」。這一原則在中日關係的重要文件中都得到明確的強調。

二〇〇六年十月以來，日本新領導人考慮中國和亞洲其他各國人民在日本侵略問題上的敏感，停止了以公職身分參拜靖國神社，消除了阻礙中日兩國關係發展的障礙。在兩國關係經歷了一段時間的「冰凍」之後，二〇〇六年日本首相安倍晉三對中國進行了被稱為「破冰之旅」的訪問。二〇〇七年四月，中國總理溫家寶對日本進行了被稱為「融冰之旅」的訪問。溫家寶訪日期間，雙方發表了《中日聯合新聞公報》，確認努力構築「基於共同戰略利益的互惠關係」，兩國關係逐步恢復了正常。二〇〇七年十二月日本首相福田康夫訪問中國的「迎春之旅」和二〇〇八年五月中國國家主席胡錦濤訪問日本的「暖春之旅」，標誌著中日關係已經恢復了正常化。

二〇一二年九月，日本政府不顧中方的反對，違背一九七二年中日實現邦交正常化時將釣魚島問題「留待以後解決」的共識，以及一九七八年中日締結和平友好條約時在釣魚島問題上「擱置爭議，留待以後解決」的默契，對釣魚島實施所謂「國有化」，打破了四十年擱置爭議的現狀，導致中日關係陷入邦交正常化以來最為嚴峻的局面。受此影響，兩國民眾彼

▲ 中國海警船在釣魚島海域巡邏執法。

INA COAST GUARD

此好感度降到歷史新低，兩國關係陷入低谷。

中國政府的立場是，釣魚島及其附屬島嶼自古以來就是中國的固有領土，有歷史和法理上的依據。在釣魚島問題上，日方無論以什麼手段單方面採取的任何措施都是非法、無效和徒勞的，改變不了釣魚島屬於中國的事實。中方敦促日方尊重歷史、正視現實，同中方就釣魚島實質問題開展認真磋商，尋求管控爭議和解決問題的辦法。

中日分別是世界第二、第三大經濟體，中日兩國的經濟總量占整個世界的百分之二十，東亞的百分之八十，對地區穩定、發展和繁榮肩負著重要責任。中日友好是兩國人民之福，中日交惡是兩國人民之禍。中方視日本為和平發展、互利共贏的重要合作夥伴，願意根據《中日聯合聲明》等指導中日關係政治文件所確立的原則，發展和平共處、世代友好、互利合作、共同發展的中日關係。

加強同周邊國家的睦鄰友好

無論從地理方位、自然環境還是相互關係看，周邊對中國都具有極為重要的戰略意義。總結中國與周邊鄰國關係的經驗，中國確立了睦鄰友好的周邊外交政策，把周邊作為外交優先方向。 塑造一個更加和平穩定、發展繁榮的周邊環境，是中國政府現實政策。

新中國成立前後，大部分鄰國也擺脫西方列強殖民統治獲得獨立，中國與周邊鄰國之間的關係進入一個新的起點。以毛澤東為核心的第一代中央領導集體，對大國從中國周邊對中國的政治孤立、軍事「遏制」和經濟

▲ 一九六〇年，中國和緬甸關於邊界問題的協定和條約先後在北京簽字。這是新中國與鄰國首次正式議決歷史遺留的邊界問題。

▲ 二〇一二年十二月，上海合作組織成員國總理第十一次會議在吉爾吉斯斯坦首都比什凱克舉行。

封鎖進行了堅決的鬥爭，維護了中國的領土主權完整。在解決與印度之間存在的歷史遺留問題過程中，中國提出了和平共處五項原則，並與印度、緬甸共同向世界各國倡議這一原則。根據平等互利的原則，中國先後與緬甸、尼泊爾、阿富汗、蒙古、朝鮮等國家解決了歷史遺留的邊界問題，使大部分邊界成為友好邊界。

改革開放後，以鄧小平為核心的第二代中央領導集體，根據形勢的變化，調整內外政策，在實現國內工作重心轉移的同時，突出強調外交工作的核心任務就是為中國國內經濟建設創造良好的國際環境，特別是周邊環境，積極發展與周邊國家的睦鄰友好關係，鞏固了與周邊傳統友好國家間的友誼，逐步改善了與東盟、蒙古、越南、印度等周邊國家的關係。

冷戰結束後，以江澤民為核心的中共第三代領導集體，在發展與周邊國家關係中提出了「互信、互利、平等、協作」為核心的新安全觀，與俄羅斯、哈薩克斯坦、吉爾吉斯斯坦和塔吉克斯坦四國一起，於二〇〇一年成立了上海合作組織。在應對一九九七年東南亞金融危機過程中形成了10+1（東盟十國加中國）和10+3（東盟加中、日、韓）合作機制。從一九九六年開始，中國先後同印度、巴基斯坦、尼泊爾、東盟達成協議，建立了不同形式的夥伴關係。中國根據平等協商、互諒互讓的精神，與一些國家解決了尚未解決的邊界問題，對於那些尚不能取得一致的問題，與有關方面達成共識將問題擱置起來。

進入新世紀以來，以胡錦濤為總書記的黨中央重視周邊外交，提出了「安鄰、睦鄰、富鄰」思想，積極落實「以鄰為伴，以鄰為善」的政策，通過10+3和10+1合作框架，有力地推動了中國與東盟經濟貿易關係的發展。中國推動和主持關於朝鮮半島問題的六方會談。中國同周邊國家的睦鄰友好和務實合作，營造了一個和平穩定、平等互信、合作共贏的周邊環境，創造了中國與周邊國家關係的歷史最好時期。

中國共產黨第十八次代表大會的政治報告指出，中國將堅持與鄰為善、以鄰為伴，鞏固睦鄰友好，深化互利合作，努力使自身發展更好惠及周邊國家。以習近平為總書記的黨中央將搞好周邊外交提高到一個新高度，提出做好周邊外交工作，是實現「兩個一百年」奮鬥目標、實現中華民族偉大復興的中國夢的需要。

中國的發展為周邊提供了良好的機遇，中國也從合作中得到了好處。在這個過程中，中國同亞洲和世界的利益融合達到前所未有的廣度和深度。新世紀以來，中國同周邊國家貿易額由一千多億美元增至一點三萬億美元，中國已成為眾多周邊國家的最大貿易夥伴、最大出口市場、重要投資來源地。

▲ 二〇一三年八月，中國—東盟建立戰略夥伴關係十週年特別外長會在北京舉行。

在新一屆政府組成不到一年的時間內，中國同周邊二十一個國家實現國家元首或政府首腦級別交往，同周邊各國加深了感情，推動了合作。二〇一三年十月，中央召開新中國成立以來首次周邊外交工作座談會，確定今後五至十年中國周邊外交的戰略目標、基本方針和總體佈局，明確要在與周邊各國交往中體現親、誠、惠、容的理念。中國能否繼續與鄰居和睦相處、守望相助，對中國與世界關係的走向起著至關重要的作用。

中國與俄羅斯關係的改善和平穩發展是中國周邊外交的成功典範。俄羅斯是中國最大的鄰國。中俄關係是由中蘇關係發展來的。蘇聯是第一個承認新中國並與新中國建交的國家。在冷戰期間，中蘇關係經歷了二十世紀五〇年代結盟友好，六〇、七〇年代惡化、對抗，八〇年代緩和、正常化的曲折發展過程。

一九八九年中蘇關係正常化後不久，蘇聯於一九九一年十二月二十六日解體。隨著俄羅斯繼承了蘇聯的國際法地位，中蘇關係順利過渡到中俄關係。一九九二年十二月雙方協議將以《聯合國憲章》與和平共處五項原則等公認的國際法原則為基礎，深化中俄關係。在整個二十世紀九〇年代，兩國領導人互訪不斷，兩國在聯合國和上海（五國）合作組織內，經常性地就雙方共同關心的國際問題和地區問題交換意見，推動雙邊關係從「建設性夥伴關係」發展到「建設性戰略夥伴關係」，最後提升到「平等信任、面向二十一世紀的戰略協作夥伴關係」。二〇〇一年七月兩國元首簽署發表了《中華人民共和國和俄羅斯聯邦睦鄰友好合作條約》，為雙邊關係奠定了穩固的政治基礎。經過雙方二十多年不懈努力，兩國建立起全面戰略協作夥伴關係。二〇一二年中俄貿易額達到八百八十二億美元，人員交流達到三百三十萬人次，給兩國人民帶來了實實在在的好處，反映出中俄關係的巨大發展的潛力和發展前景。

二〇一三年，習近平擔任國家主席後首次出訪第一站就選擇俄羅斯，同普京總統就加強中俄全方位戰略協作達成一致。雙方明確宣示，堅定支持對方發展復興，堅定支持對方維護核心利益，堅定支持對方自主選擇發展道路和社會政治制度。在此後一年的時間內，習近平主席與普京總統又在各種多邊和國際場合五次會面，建立起密切的工作關係和個人友誼。通過這一系列密集的高層交往，中俄進一步加深了戰略互信，提升了務實合作，活躍了人文交流，加強了國際協作，使中俄關係成為當前中國層次最高、基礎最牢、內涵最豐富、最具地區和全球影響力的戰略夥伴關係。

《中俄睦鄰友好合作條約》

二〇〇一年七月十六日中俄兩國元首簽署的《中俄睦鄰友好合作條約》，是指導新世紀中俄關係發展的綱領性文件。條約在總結歷史經驗的基礎上，將兩國和兩國人民「世代友好、永不為敵」的和平理念和永做好鄰居、好朋友、好夥伴的堅定意願用法律形式確定下來。條約確認，在相互關係中不使用武力或以武力相威脅，也不相互採取經濟制裁及其他施壓手段，彼此間的分歧只能以和平方式解決；雙方遵循領土和國界不可侵犯的國際法原則，將兩國邊界建設成為永久和平、世代友好的邊界。條約還規定，「如出現締約一方認為會威脅和平、破壞和平或涉及其安全利益和針對締約一方的侵略威脅的情況，締約雙方為消除所出現的威脅，將立即進行接觸和磋商」。條約確定以平等互信的戰略協作夥伴關係作為中俄關係模式，這至今仍具有現實意義。

▲ 二〇一四年五月，中國國家主席習近平在上海舉行儀式歡迎俄羅斯總統普京訪華。

中國「安鄰、睦鄰、富鄰」的政策，具有全方位的特點。首先是東南。中國政府在一九九七年東南亞金融危機期間的政策，以及採取克制的態度對待同個別國家的領土主權爭議，改變了東南亞國家對中國的認識和看法。在政治上，中國通過參與東盟地區論壇（ARF），增加了與東盟國家之間的信任，通過論壇框架內的多邊對話與合作，達成了一些具有具體內容的協議，如二〇〇二年中國同東盟簽署的《南海各方行為宣言》和《關於非傳統安全領域合作聯合宣言》，以及二〇〇三年中國加入的《東南亞友好合作條約》等。

在經濟領域，通過東盟與中日韓（10+3）和東盟與中國（10+1）合作框架，中國有力地推動了與東盟經濟貿易關係的發展。二〇〇二年中國和東盟簽署《中國與東盟全面經濟合作框架協議》。二〇〇三年，中國與東盟簽署戰略夥伴關係，中國第一個加入《東南亞友好合作條約》，隨後中國與東盟關係進入了「黃金十年」的發展期。二〇〇五年七月，中國—東盟自由貿易區《貨物貿易協議》開始實施，雙方七千餘種商品開始全面降稅。二〇一〇年中國與東盟自由貿易區成立，成為世界上最大的發展中國家自貿區。在二〇〇九年中國成為東盟最大的貿易夥伴後，雙邊貿易額持續增長，至二〇一二年已突破四千億美元。考慮到中國與東盟經貿關係所取得的成就，中國提出打造中國—東盟自由貿易區升級版，創造中國與東盟關係的「鑽石十年」。

二〇一三年十月，在參加在印度尼西亞舉辦的 APEC 非正式首腦會議，並對印度尼西亞和馬來西亞進行國事訪問期間，習近平主席提出如下思路：擴大同東盟國家各領域務實合作，互通有無、優勢互補，同東盟國家共享機遇、共迎挑戰，實現共同發展、共同繁榮，共同建設二十一世紀

▲ 二〇一三年十月，第十六次東盟與中日韓（10+3）領導人會議在文萊首都斯里巴加灣舉行，中國國務院總理李克強出席會議。

▲ 二〇一三年九月，上海合作組織成員國元首理事會第十三次會議在吉爾吉斯斯坦舉行，中國國家主席習近平出席會議。

「海上絲綢之路」。隨後，李克強總理在文萊出席第十六次中國—東盟（10+1）領導人會議期間表示，中國已經作好了積極地與東盟國家就簽訂睦鄰、友好和合作條約展開討論的準備，以鞏固雙方戰略互信的政治基礎。

在西北，中國與俄羅斯、哈薩克斯坦、吉爾吉斯斯坦、塔吉克斯坦四國為探討解決歷史遺留的邊界問題，於一九九六年和一九九七年分別達成關於在邊境地區增加軍事領域信任和關於在邊境地區相互裁減軍事力量的協定，形成了「上海五國」機制，不僅促成了歷史遺留邊界問題的和平解決，也增加了成員國之間的信任，將相關國家的合作從安全擴展到政治、外交、經濟、文化等領域。

二〇〇一年，在「上海五國」富有成效合作的基礎上，「上海合作組織」成立，對內遵循互信、互利、平等、協商、尊重文明多樣性、謀求共同發展的「上海精神」，對外奉行不結盟、不針對其他國家和地區、對外開放等原則，不斷促進相互之間的合作，影響也在不斷擴大。上海合作組織的成員除了中國、俄羅斯、哈薩克斯坦、吉爾吉斯斯坦、塔吉克斯坦和烏茲別克斯坦外，還吸收了蒙古國、巴基斯坦、伊朗、阿富汗、印度為觀察員，吸納斯里蘭卡、白俄羅斯和土耳其為對話夥伴國；土庫曼斯坦、獨聯體和東盟為參會客人。上海合作組織成為維護西北地區安全、增加成員國之間信任的重要平臺，也推動了中國與中亞地區國家經貿關係的發展。中國與中亞地區國家之間的貿易額二〇一二年達到四百六十億美元，比一九九二年增加了一百倍。

二〇一三年九月，習近平主席出席在吉爾吉斯斯坦比什凱克舉行的上海合作組織成員國元首理事會第十三次會議，並對土庫曼斯坦、哈薩克斯坦、烏茲別克斯坦和吉爾吉斯斯坦進行了國事訪問。他在哈薩克斯坦提出，通過加強政策溝通、道路聯通、貿易暢通、貨幣流通、民心相通的新型模式，共同建設「絲綢之路經濟帶」，以點帶面，從線到片，逐步形成區域大合作，推動歐亞各國經濟聯繫更加緊密、相互合作更加深入。

▲ 二〇一三年十一月二十八日，烏魯木齊絲綢之路經濟帶城市合作發展論壇舉行，來自絲綢之路沿線城市七個國家二十四個城市的三百名嘉賓齊聚一堂，就相關議題展開交流與對話。

在西南，中國同南亞國家，特別同印度、巴基斯坦之間領導人互訪不斷，推動了中印關係的改善和中巴傳統友誼的鞏固。中印曾因邊界分歧爆發戰爭，至今尚未就雙方有爭議的十三多萬平方公里的領土達成協議。但是，冷戰結束後，雙方關係逐步改善，就邊界問題簽署三份協定，包括《關於在中印邊境實際控制線地區保持和平與安寧的協定》（1993）、《關於在中印邊境實控線地區軍事領域建立信任措施的協定》（1996 年）和《解決中印邊界問題政治指導原則的協定》（2005 年）。在政治上，二〇〇〇年中印兩國領導人確認建立「面向二十一世紀的建設性戰略夥伴關係」。二〇〇三年中印簽署《中印關係原則和全面合作宣言》，各自任命特別代表探討解決邊界問題的框架，至二〇一三年六月，雙方已進行十六

▲ 二〇一三年十月，中國國務院總理李克強與印度總理辛格在北京共同出席雙邊相關文件簽字儀式。

次會晤。二〇一三年，印度總理曼莫漢・辛格訪華期間，雙方簽署了《邊防合作協議》，承諾繼續保持中印邊境實控線地區的和平、穩定與安寧。

隨著中印政治關係的改善，兩國在安全領域也開始了合作。從二〇〇三年到二〇〇八年雙邊舉行五次聯合軍事演習。雙邊貿易也逐步攀升，二〇一〇年達到 617.4 億美元，二〇一一年增長至 739 億美元。但是，受到印度出口下降的影響，二〇一二年雙方貿易降至 664.7 億美元，兩國關係還有很大的潛力。此外，雙邊在金磚國家首腦會議、二十國集團、世界貿易組織、聯合國氣候大會以及聯合國機制內保持密切磋商和協調。

與此同時，中巴兩國建立了全天候友誼，開展了全方位合作。在政治上，雙方保持密切合作，兩國領導人互訪頻繁。二〇〇五年四月，溫家寶總理訪巴期間，兩國宣佈建立更加緊密的戰略合作夥伴關係；二〇一三年五月，李克強總理訪問巴基斯坦期間，雙方發表了《中巴關於深化兩國全面戰略合作的聯合聲明》，肯定了雙邊關係中取得的成績，規劃了未來發展的藍圖。

兩國政治關係良好發展為其他領域的關係創造了條件。兩國在安全領域合作密切。二〇〇七年，中巴兩國合作研製的梟龍戰機至二〇一三年已經生產五十架，隨後雙方協議再生產五十架。在貿易上，二〇〇六年中巴兩國簽署自由貿易協議，雙邊貿易額逐步增加，二〇一二年增加到一百二十四億美元，同比上升 17.6%，中國是除歐盟外巴基斯坦第一大貿易夥伴。在國際上，雙方互相支持，巴基斯坦在臺灣、西藏、人權等問題上完全支持中華人民共和國，也反對西方國家干涉中國內政。中國支持巴基斯坦維護國家安全，反對外來干涉。在反恐問題上，雙方保持合作，互相支持，舉行聯合反恐演習。

▲ 中國和巴基斯坦兩國合作研製的梟龍戰機

中國在南亞地區的外交努力，促進了中國與印度和巴基斯坦這兩個具有重要影響的發展中國家的關係，緩和了西南地區的緊張局勢，大大改善了西南地區的安全環境。

在東北，朝鮮半島因為核問題於二〇〇三年陷入危機後，中國派出特使展開穿梭外交，積極斡旋，促成朝、美、韓、日、俄、中六方會談，確定了朝鮮半島無核化的目標，以及通過對話以和平方式解決朝核問題的途徑，避免了朝鮮半島核問題失控。在這個過程中，中國擔任東道國，提供設備，主持會議，為地區和平作出了貢獻，也維護了東北亞地區的安全環境。

中國周邊充滿生機活力，有明顯發展優勢和潛力。但是，隨著這個地區力量對比的變化，傳統的和非傳統的安全問題，舊的對歷史的認識問題和新的海洋領土爭議等，近年來引發了不同類型的危機。其中釣魚島問題和中國南海島嶼的爭端等熱點，涉及中國領土主權。中國政府把中國的國家利益放在第一位，堅定捍衛國家主權、安全、領土完整，但是願意與相關國家通過直接談判解決這些分歧，這也是中國與多數鄰國解決領土邊界爭議的經驗。

當前中日之間的釣魚島問題的根源在於，日本政府破壞了此前中日兩國有關「擱置爭議」的共識，對釣魚島採取了所謂「國有化」措施，從事實上改變釣魚島現狀。中方堅持日方必須糾正錯誤，回到雙方此前達成的共識上，承認雙方在釣魚島問題上存在爭議這一現實。在此基礎上中方致力於通過對話談判尋求管控危機、通過對話和談判解決釣魚島爭議的途徑。

中國對南沙和西沙群島及其附近水域擁有不可爭議的主權，具有充分的法理、歷史和事實依據。對於一些國家對此提出領土主權索求，挑起爭端，中國政府有針對性地加強了對這個地區的行政管理和開發建設，如成立三沙市等。對於這個問題的國際方面，中國願意在充分尊重歷史事實和國際法的基礎上，照顧到雙邊關係和地區穩定，與有關當事國通過平等對話和友好談判尋求妥善解決爭議的辦法，一時解決不了的，可以先擱置起來。但是，中國反對單方面將南海爭議提交國際仲裁，反對引入外部勢力，或外部勢力的介入。

中國與鄰國邊界問題現狀		
已經解決的邊界及其協議	中國—緬甸	1960 年《中緬關於兩國邊界問題的協定》 1960 年《中緬邊界條約》
	中國—尼泊爾	1960 年《中尼關於兩國邊界問題的協定》 1961 年《中尼邊界條約》
	中國—朝鮮	1962 年《中朝邊界條約》 1964 年《中朝邊界議定書》
已經解決的邊界及其協議	中國—蒙古	1962 年《中蒙邊界條約》
	中國—巴基斯坦	1963 年《中巴關於中國新疆和由巴基斯坦實際控制其防務的各個地區相接壤的邊界的協定》
	中國—阿富汗	1963 年《中阿邊界條約》
	中國—俄羅斯	1991 年《中蘇關於中蘇國國界東段的協定》 1994 年《中俄關於中俄國界西段的協定》 1999 年《關於中俄國界線東西兩段的敘述議定書》 2004 年《關於中俄國界東段的補充協定》 2008 年《關於國界線東段的補充敘述議定書及其附圖》
	中國—老撾	1991 年《中老邊界條約》
	中國—越南	1999 年《中越陸地邊界條約》 2000 年《中越關於兩國在北部灣領海、專屬經濟區和大陸架的劃界協定》
	中國—哈薩克斯坦	1994 年《中哈關於中哈國界的協定》 1997 年《中哈關於中哈國界補充協定》
	中國—吉爾吉斯斯坦	1996 年《中吉關於中吉國界協定》 1998 年《中吉關於中吉國界的補充協定》
	中國—塔吉克斯坦	1999 年《中塔關於中塔國界協定》 2002 年《中塔關於中塔國界的補充協定》

中國與鄰國邊界問題現狀		
沒有解決但有臨時協議	中國一印度	1993 年《中印關於在中印邊境實際控制線地區保持和平與安寧的協定》 1996 年《關於在中印邊境實際控制線地區軍事領域建立信任措施的協定》
	中國一不丹	1998年《中不關於在中不邊境地區保持和平與安寧的協定》
有爭議也無臨時協議	中國一日本	釣魚群島
	中國與菲律賓、越南、文萊、馬來西亞相互之間	部分南海諸島和海洋權益

鞏固同廣大發展中國家的團結合作

發展中國家主要集中在亞、非、拉地區，其中絕大多數國家與中國有著相似的歷史遭遇、共同的處境和願望，具有雙邊關係的良好基礎。中國重視與廣大發展中國家的關係。新中國與廣大發展中國家關係的歷史，是一段互相支持、互相幫助、團結協作的歷史。

新中國成立後，對第三世界正在爭取獨立的民族解放鬥爭進行國際主義的支持。從二十世紀六〇年代中期以後，中國對亞、非廣大發展中國家

▲ 一九六三年十二月至一九六四年二月，周恩來總理和陳毅副總理兼外長先後訪問了亞非十三國。此行是中國同亞非國家發展友好關係的重要里程碑。圖為周恩來、陳毅與幾內亞總統賽吉・杜爾在拉貝市郊合影。

的援助範圍廣，數量多，形式多樣，影響巨大。新獨立的民族主義國家也對中國提供了雪中送炭般的支持。

改革開放以後，中國提出把加強與廣大發展中國家的團結與合作作為中國對外關係的立足點和出發點，努力探討同廣大發展中國家進行雙邊互利合作的新途徑，把與發展中國家的合作當作中國全方位對外開放的一部分，支持並參與南南合作。雙邊之間合作內容不斷豐富，規模迅速擴大，形成合作共贏局面。

進入新世紀以來，中國一直將發展與廣大發展中國家的關係當作中國對外關係的一個支柱。二〇一三年中國共產黨第十八次代表大會的報告指出：「加強同廣大發展中國家的團結合作，共同維護發展中國家正當權益，支持擴大發展中國家在國際事務中的代表性和發言權，永遠做發展中國家的可靠朋友和真誠夥伴。」二十一世紀的頭十三年，中國在南南合作框架下向一百二十多個發展中國家提供幫助，援建了二百多所學校、三十多所醫院和瘧疾防治中心，培訓了八萬多名各類人才。

二〇一三年，習近平擔任國家主席後訪問了非洲、拉美，同上述地區數十個國家領導人舉行雙邊或集體會晤，簽署了一批有利於非洲國計民生的大項目，將中非新型戰略夥伴關係提升到新水平；宣佈支持加勒比國家經濟社會發展的一系列新舉措，推動中拉合作取得新進展。為加強同新興市場和發展中國家團結合作，中國推動金磚國家設立開發銀行和外匯儲備庫等，增強這一發展中國家合作重要平臺的生機與活力。由於具體條件不同，中國與不同地區的發展中國家的關係歷史有所不同，也展現出不同的特點。

中國與廣大非洲和阿拉伯國家的關係

新中國與廣大非洲和阿拉伯國家關係開始於一九五五年在印度尼西亞萬隆召開的亞非會議。中國總理周恩來在這次會議上提出了求同存異的原則，化解了一些發展中國家的疑慮和誤解。一九五六年中國與埃及建交，開啟了新中國與非洲和阿拉伯國家的外交關係。迄今，中國已同五十三個非洲國家中的四十八個國家和所有阿拉伯國家建立了外交關係。

中國與廣大非洲和阿拉伯國家之間一直互相支持。中國支持他們鞏固和維護民族獨立、發展民族經濟的願望。周恩來總理在一九六三年十二月至一九六四年二月訪問亞非十國期間，提出了中國同非洲和阿拉伯國家關係的五項原則和中國對非洲國家援助的八項原則。中國政府提供 9.88 億

▲ 中國對外援助的著名項目——坦贊鐵路。該鐵路於一九七〇年動工修建，一九七六年竣工，全長一千八百六十公里，是一條貫通東非和中南非的交通大幹線。

元人民幣無息貸款援建修築的坦贊鐵路，成為見證中非友誼的豐碑。

非洲國家一直支持恢復中國在聯合國的合法席位。一九七一年第二十六屆聯合國大會上，七十六個投票支持恢復中華人民共和國在聯合國合法權利議案的國家中，有二十六個非洲國家。毛澤東主席詼諧地說：「是非洲朋友把我們抬進聯合國的。」

中國恢復聯合國席位後，堅定地站在廣大發展中國家一邊。一九八二年聯合國秘書長選舉期間，中國連續十六次投票支持坦桑尼亞外長薩里姆競選聯合國秘書長。雖然最後薩裡姆沒有當選，但當選的德奎利亞爾也來自發展中國家。一九九一年中國積極支持非洲國家競選聯合國秘書長，最後埃及副總理加利當選，此後再次當選的聯合國秘書長科菲・安南同樣來自非洲。

改革開放後，中國新任總理的首次出訪選擇了非洲，並在訪問過程中提出了拓展與發展中國家經貿關係的四項原則，即「平等互利，講求實效，形式多樣，共同發展」。實現了中非關係從爭取獨立到謀求發展的轉型，拓寬了中國與非洲國家關係的渠道。

冷戰結束後，中國與廣大非洲發展中國家的關係得到了進一步發展。僅一九八九年就有撒哈拉以南的九個非洲國家的領導人訪問中國。一九九六年中國國家主席江澤民訪問非洲六國，提出了發展同非洲各國面向二十一世紀長期穩定、全面合作關係的五項原則建議：真誠友好，平等相待，團結合作，共同發展，面向未來。二〇一三年三月，習近平主席在坦桑尼亞發表重要演講，用「真、實、親、誠」四個字闡述新時期中國對非政策，並強調中國支持非洲國家探索適合本國國情的發展道路，對非洲的未來抱有充分信心。

▲ 二〇一三年三月，中國國家主席習近平對坦桑尼亞進行國事訪問，受到當地人民的熱情歡迎。

為了共同應對新世紀挑戰，在一些非洲國家推動下，中國倡議成立的中非合作論壇，是中國和非洲國家在南南合作範疇內的集體對話機制、加強中非磋商與合作的新平臺，每三年召開一次部長級會議，規劃中非合作的藍圖、推動中非合作不斷邁出新的臺階。例如，二〇〇六年中非合作論壇北京峰會期間，中國推出了八項對非援助舉措，其中一項是成立中非發展基金。截至二〇一二年底，該基金在非洲三十個國家投資六十一個項目，決策投資額 23.85 億美元，並已對五十三個項目實際投資 18.06 億美元。

中非合作論壇

第一屆部長級會議於二〇〇〇年十月在中國北京舉行，通過了《中非合作論壇北京宣言》和《中非經濟和社會發展合作綱領》。中國承諾向非洲援助的一攬子計劃。

第二屆部長級會議於二〇〇三年十二月在埃塞俄比亞亞的斯亞貝巴舉行，發表了《中非合作論壇——亞的斯亞貝巴行動計劃（2004-2006 年）》，中國承諾在二〇〇四年至二〇〇六年的三年間繼續增加對非洲的援助。

第三屆部長級會議和首次峰會二〇〇六年十一月在北京召開，通過了《中非合作論壇北京峰會宣言》和《中非合作論壇——北京行動計劃（2007-2009 年）》，中國宣佈了八項對非援助措施。

第四屆部長級會議於二〇〇九年十一月在埃及沙姆沙伊赫舉行，會議通過了《中非合作論壇沙姆沙伊赫宣言》和《中非合作論壇——沙姆沙伊赫行動計劃（2010-2012 年）》兩份成果文件，明確了未來中非合作的方向。

第五屆部長級會議二〇一二年七月在北京召開，公佈了《北京宣言》和《中非合作論壇第五屆部長級會議——北京行動計劃（2013-2015 年）》。

中非互利共贏的經濟合作在二十一世紀不斷得到拓展。二〇〇九年，中國成為非洲第一大貿易夥伴國。此後兩年多時間裡，中非貿易規模迅速擴大。二〇一二年，中國與非洲貿易總額達到 1984.9 億美元，非洲成為中國重要的進口來源地、第二大海外工程承包市場和第四大投資目的地。至二〇一三年，超過二千家中國企業在非洲五十多個國家和地區投資興業。二〇〇九至二〇一二年，中國對非直接投資流量由 14.4 億美元增至 25.2 億美元，年均增長 20.5%，存量由 93.3 億美元增至 212.3 億美元。中非經貿合作，促進了非洲國家民生的改善和經濟的多元化發展，為促進世界經濟的平衡發展作出了積極貢獻，是南南合作的典範。

人文交流在中非新型戰略夥伴關係中的地位在不斷上升，成為雙邊關係的重要支柱。中國致力於通過支持非洲青年來華留學、派遣青年志願者、開展聯合研究等方式，增進中非國家間的相互了解，夯實雙邊友誼的社會基礎。二〇一〇至二〇一二年，中方向非洲國家提供各類政府獎學金名額共計 18743 個。中國為非洲五十四個國家和地區舉辦了各類培訓班和研修班，培訓官員、技術人員等共計 27318 人次。二十對中非知名高校在

▲ 二〇一二年七月，中非合作論壇第五屆部長級會議在北京舉行。

「中非高校 20＋20 合作計劃」框架下結為「一對一」合作關係。「中非聯合研究交流計劃」自二〇一〇年三月啟動以來，已支持中非學者開展研討會、課題研究、學術交流、著作出版等各類項目六十四個，資助中非學者六百多人次訪問交流。

在中非合作論壇取得成功後，中國與阿拉伯國家之間在二〇〇四年成立了「中國—阿拉伯國家合作論壇」，成為加強中國與阿拉伯國家集體對話與合作的新機制，至二〇一二年已經舉辦了五屆部長級會議。中國與廣大阿拉伯國家採取積極措施，推動雙方在經貿、投資、能源、教育、文化、科技、醫療衛生、環境等領域的交流與合作，促進中國和阿拉伯國家共同發展。

中國與拉美國家的關係

中國與廣大拉丁美洲國家都屬於發展中國家，地理上相距遙遠，自然條件、社會制度、文化傳統等方面有很大不同。中國與拉美地區國家關係開展起步比較晚，但發展很快，目前已經成為中國與廣大發展中國家關係中的一個重要組成部分。

拉丁美洲傳統上被稱為美國的「後院」。除古巴於一九六〇年與中國建立了外交關係外，中國與其他拉丁美洲國家的關係在二十世紀七〇年代隨著中美關係緩和才有了突破，先後有十一個拉美國家與中國建立外交關係。

改革開放後，中國把發展與包括拉美國家在內的發展中國家的團結與合作作為中國對外政策的立足點。一九八五年中國政府首腦首次出訪拉美，提出了中國同拉丁美洲國家發展關係的四項原則：和平友好、互相支持、平等互利、共同發展，與哥倫比亞、巴西、阿根廷和委內瑞拉四國簽署了十五項有關政治、經濟、貿易、科技、文化、金融合作的協議，為中國與拉丁美洲國家開展各個領域的友好合作奠定了基礎。從此中國與拉丁美洲國家之間的關係出現了多渠道、多層次、官民並舉、全面發展的新形勢。

冷戰結束後，全球化進程的快速發展拉近了中國與廣大拉丁美洲國家的距離。中國國家主席江澤民於一九九七年訪問墨西哥，二〇〇一年訪問智利、阿根廷、烏拉圭、古巴、委內瑞拉和巴西等拉美六國。從一九九六年到二〇〇〇年的四年間，先後有八位拉美發展中國家的總統、三位國家總督及三位國家總理對中國進行正式友好訪問。最高領導人之間的互訪，

▲ 二〇一三年六月，正在特立尼達和多巴哥進行國事訪問的中國國家主席習近平在該國總理比塞薩爾陪同下，出席中國公司承建的特多兒童醫院開工典禮。

促進了中國同拉丁美洲國家之間關係的發展。

進入二十一世紀後，中國與拉丁美洲國家的關係獲得新的發展，高層互訪不斷，政治關係加強，經貿關係取得新的進展。中國國家主席胡錦濤於二〇〇四年和二〇〇八年先後訪問了巴西、阿根廷、智利、古巴四國和哥斯達黎加、古巴、祕魯三國。二〇〇八年中國外交部發佈了《中國對拉丁美洲和加勒比政策文件》，闡述了中國對拉美政策的目標、合作領域，提出了中拉合作的指導原則，為推動中拉關係全面發展奠定了更加堅實的基礎。

習近平主席就任第一年即訪問拉美和加勒比，於二〇一三年五月底六月初對特立尼達和多巴哥、哥斯達黎加和墨西哥三國進行國事訪問，在特多同加勒比八個建交國領導人舉行會晤。同年內，墨西哥、祕魯、委內瑞拉、烏拉圭、牙買加、安巴、蘇里南、多米尼克、玻利維亞等拉美和加勒比九國國家元首和政府首腦分別訪華。在這些訪問過程中，中拉領導人就新時期進一步加強中拉合作達成的重要共識，夯實了中拉關係的政治基礎，為發展雙邊關係發展注入了新的活力。

目前，中國與三十三個拉美發展國家中的二十一個建立了外交關係。中拉政治磋商進一步制度化，對話機制不斷完善。中拉智庫交流論壇、中拉法律合作論壇、中國拉丁美洲和加勒比友好協會等民間交流機制富有成效。

中國與拉丁美洲的合作還表現在多邊領域。如繼一九九一年和一九九三年中國成為美洲開發銀行、拉美一體化協會的觀察員之後，二〇〇〇年和二〇〇四年，中國又先後成為美洲國家組織和聯合國拉美經委會觀察員。此外，中國還建立起與里約集團、南共體、安第斯集團的對話機制及

▲ 二〇一四年四月，中國外交部部長王毅在北京同來訪的拉美和加勒比共同體（拉共體）「四駕馬車」代表團舉行會談。

與拉美主要國家外長級的磋商機制，形成了一個多渠道的、有效的溝通對話機制。金磚國家領導人會晤、二十國集團領導人峰會、亞太經合組織領導人非正式會議期間，中國都與拉美主要國家保持密切的溝通和協作。

政治關係的增強為中國與拉丁美洲主要國家之間在經貿領域的合作創造了條件。中國同拉美十六個國家簽訂了經濟技術合作協定或經濟合作協定，同十一個國家簽訂了鼓勵和相互保護投資協定，同五個國家簽訂了避免雙重徵稅協議。同智利、祕魯、哥斯達黎加簽署並順利實施自貿協定，同哥倫比亞啟動自貿協定聯合可行性研究。這些都推動中拉經貿合作取得顯著成就。中國改革開放之初的一九七九年，中國與拉丁美洲地區國家的貿易總額只有十億美元；二〇一二年達二千六百一十二億美元，占中國對外貿易總額的百分之六點八。中國已成為拉美第二大貿易夥伴國，拉美是全球對華出口增速最快的地區。

在文化領域，至二〇一三年，中國已在十四個拉美和加勒比國家開設了三十二所孔子學院和十個孔子課堂，在墨西哥設立中國文化中心。中方自二〇一二年起五年內向拉美和加勒比國家提供五千個獎學金留學生名額，也有越來越多的中國留學生前往拉美國家學習深造。拉美和加勒比二十一個建交國均成為中國公民出境旅遊目的地國。

中拉經貿合作領域不斷拓寬，基礎更加穩固，中拉關係的發展無論是速度、廣度還是深度，都達到了歷史最好水平。廣大拉丁美洲國家在中國對外關係格局中的地位正在上升，成為中國對外關係中越來越重要的一部分。

第五章

中國外交的拓展

當今世界的全球化是一個全方位、多層次的過程。在經濟領域，國家不管社會制度、發展狀況，幾乎都選擇了市場經濟之路，國際貿易和全球投資的地理分佈和規模，都以前所未有的速度擴大、增加，整個世界已經被國際市場連為一體。

在經濟全球化的過程中，以新技術為基礎的傳播手段，不僅縮短了不同國家和地區間的距離，還提供了生產和資本市場全球化的物質基礎，而且帶來了信息的全球化。與此同時，現代交通工具的廣泛使用使短時間長距離旅行成為可能，跨國界人員流動數量與日俱增，我們生活的世界已經成為一個地球村。

▲ 二〇一三年九月二十七日，中國外交部長王毅在聯合國大會一般性辯論上發言，介紹中國新一屆政府外交理念與思路。

全球化使國家間的聯繫日益緊密，相互依存不斷加強，改變了內政與外交的關係，也改變著外交的環境、議題、方式和手段，乃至外交的內容和觀念。外交工作的內容越來越豐富，從傳統的政治擴展到經濟、文化、軍事等領域，參與外交的主體也由原來的政府擴展為各種國際組織和跨國公司，以及國內的不同政黨、議會、民間團體等。外交形式、渠道等都在發生變化。

對於全球化的國際環境，中國認為它「既不是解決發展問題的靈丹妙藥，也不是必然造成災難的洪水猛獸」，而是「世界經濟發展的客觀趨勢，是不以人的意志為轉移的，任何國家也迴避不了」，「誰也不可能孤立於世界之外去發展經濟」。中國根據本國國情和時代要求，提出了以人為本、全面協調可持續發展的科學發展觀，對外堅定不移地實行開放政策，適應經濟全球化趨勢，積極參與國際經濟合作與競爭，在外交上提出「大外交」的概念（又稱「綜合外交」「總體外交」），開展多領域的外交，形成了多層次、多渠道的對外交往。

不斷擴大的外交領域

大力推進經濟外交

一九七八年中共十一屆三中全會確立將國內工作的重心轉移到經濟建設上。隨後在內政與外交的關係上改變了原來的內政為外交服務的思路，強調外交為內政服務，為國內經濟建設創造良好的國際和周邊環境。在政

▲ 二〇〇一年十二月，中國正式加入世界貿易組織（WTO），這標誌著中國正式成為世界經濟體系的一個重要組成部分。

治和經濟的關係上，改變了政治掛帥的思路，開始強調政治為經濟服務，政治與經濟並重，經濟外交的重要性開始顯現。

隨著改革開放的深入，中國大力推進對外貿易，拓展國際合作，修改國內法律，允許並鼓勵外資來華，引進先進技術，恢復在世界銀行和國際貨幣基金組織中的席位，加入亞洲開放銀行，申請恢復在關稅及貿易總協定中的地位等等，這些經濟活動加大了中國的開放程度，密切了中國與世界的聯繫，有力推動了中國經濟的增長，增強了中國的實力，經濟外交取得了顯著的成就。

冷戰結束後，經濟全球化趨勢加速發展，中國的改革開放和現代化建設面臨前所未有的機遇和挑戰。中國政府認識到，只有順應大勢積極參與其中，才能贏得發展。中國加大了融入國際經濟體系的步伐，參加亞太經合組織，申請加入世界貿易組織和其他國際多邊經濟組織，經濟外交的思想更加明確。

進入二十一世紀以來，經濟外交在整體外交工作中的地位進一步提升，受到決策層的高度重視，已經正式納入國家經濟和社會整體發展戰略之中，體現在中國全方位外交格局中，成為促進中國國家利益的有效手段和加強中國與相關國家關係的重要基礎。適應形勢的發展變化，繼二〇一二年成立國際經濟司後，外交部在二〇一三年十二月成立「國際經濟金融諮詢委員會」，以加強經濟外交工作。

首先，推動經濟外交，加強經濟聯繫，發展合作，不搞對抗，保持與西方大國關係的穩定，確保中國經濟發展所必須的市場，是中國經濟外交的主要方面。歐盟、美國、日本等成為中國主要貿易夥伴。在經濟領域的平等互利合作，以及不斷增長的貿易額，已經成為中國與歐盟、美國和日本等世界主要經濟體關係的基礎。

其次，經濟外交是推進中國與發展中國家關係的重要手段，是發展與廣大發展中國家關係的重要內容。二〇〇四年中國政府專門召開了中國對發展中國家經濟外交工作會議，強調「要善於把政治上的友好、互信同經濟上的合作、交流結合起來，以政促經，政經結合」；「經濟合作的形式要多種多樣，注重實效，把貿易與投資、援外資金與信貸資金、『走出去』與『請進來』結合起來」。新世紀以來，中國與東盟、新興市場和發展中國家的貿易持續較快增長。通過調整政策，探索新途徑，中國與發展中國家之間關係的基礎已經由原來的反帝、反殖、爭取和維護民族獨立，轉變為平等互利的經濟合作。

第三，融入全球經濟機制，參與全球經濟合作是中國經濟外交的重要方面。中國從一九八六年申請恢復在「關貿」締約國地位，在這個過程中，中國一方面加快國內改革的步伐，另一方面堅持權利與義務平衡的原則，為此進行了長達十五年的努力。二〇〇一年十一月，中國加入世界貿易組織，成為世界貿易組織第一百四十三個成員。根據加入世界貿易組織的承諾，中國擴大了在工業、農業、服務業等領域的對外開放，加快推進貿易自由化和貿易投資便利化；加快對外經濟貿易法制化建設。中國集中清理了二千三百多部法律法規和部門規章。對其中不符合世界貿易組織規則和中國加入世界貿易組織承諾的，分別予以廢止或修訂。進一步降低關稅，削減非關稅措施。在加入世界貿易組織過渡期，中國進口商品關稅總水平從二〇〇一年的 15.3%逐步降低到二〇〇五年的 9.9%。全面放開外貿經營權，進一步擴大服務市場開放，營造更為公平的市場競爭環境。

第四，中國還積極開展多邊經濟對話，參與自由貿易區建設。中國領

▲ 二〇一三年九月，第三屆中國—亞歐博覽會在新疆烏魯木齊舉辦。

導人通過積極參加亞太經合組織會議、世界經濟論壇等國際性會議，和世界其他國家的領導人和經濟界人士交換看法，增進了解，促成一批重大合作項目。至二〇一二年，中國同一百六十三個國家和地區建立了雙邊經貿合作機制，簽署十個自由貿易區協定，同一百二十九個國家簽署雙邊投資保護協定，同九十六個國家簽署避免雙重徵稅協定，成為貿易和投資自由化便利化的積極實踐者。此外，從二〇〇三年首次參加 G8 集團與主要發展中國家對話會議後，中國開始同 G8 接觸，在解決全球面臨的重要經濟問題，以及能源和環境等重大國際問題上闡述自己的立場觀點，發揮建設性作用。

第五，隨著世界經濟形勢的變化發展，在能源、氣候、環境等方面的國際合作已經成為中國經濟外交的新內容。中國政府高度重視全球氣候變化給人類帶來的危機，專門成立了國家應對氣候變化及節能減排工作領導小組，制定了《中國應對氣候變化國家方案》；在國際上積極推動在氣候變化問題上的國際合作，要求發達國家提供技術和資金支持。

在能源問題上，中國倡導以能源合作取代能源競爭，主張各國應本著互利互惠的原則在能源領域充分合作，創造雙贏乃至多贏的局面。二〇〇六年通過的中國國民經濟和社會發展「十一五」規劃（2006-2010 年）明確提出：要在平等互利、合作共贏的基礎上，擴大境外油氣開發合作，積極融入國際能源體系，充分利用國際市場，保障中國能源供應安全。中國在吸取他國經驗的基礎上，以加強政治友好為先，重視經濟貿易，並輔以經濟援助等多種方式，通過與能源生產國建立全面合作夥伴關係，為國內經濟發展提供穩定而可行的能源保障。

經過多年發展，對外貿易成為中國經濟最為活躍、增長最快的部分之一。一九七八年，中國貨物進出口總額只有二百零六億美元，在世界貨物貿易中排名第三十二位，到二〇一三年增加到 4.16 萬億美元，居世界第一位。改革開放前中國基本上沒有外資，到二〇一〇年，累計使用外商直接投資 10483.8 億美元。中國成為一百二十八個國家的最大貿易夥伴。中國也是世界上增長最快的主要出口市場、最被看好的主要投資目的地，以及能源資源產品的主要進口國。

改革開放以來，經濟外交維護了中國與大國關係的穩定，充實了中國與發展中國家關係的內容，確保了中國經濟建設所必須的資源、市場和資本，促進了中國經濟持續高速穩定發展。隨著形勢的變化，中國經濟外交在內涵和外延上還會不斷擴展，在中國總體外交中的地位也會不斷提高。

▲ 高鐵這樣技術含量更高的裝備，有望成為拉動中國出口新的強有力的增長點。

高鐵外交

擴大經濟合作，促進共同發展，推進中國商品的出口，為國內經濟建設創造良好的外部環境，是中國經濟外交的主要任務。「高鐵外交」反映了中國經濟外交的新特點及其在總體外交中的作用。

中國是一個人口大國，鐵路交通在國家建設中發揮著重要的作用。在經歷多次提速後，本世紀初，中國開始建造高鐵，在不到十年的時間內（至 2013 年），高鐵里程達到一萬多公里，位居全球第一，積累了經驗，技術也日臻成熟。二〇一三年十月，習近平主席參加 APEC 峰會及李克強總理參加東亞峰會期間，都紛紛當起了中國高鐵技術的「推銷員」。李克強訪問泰國期間，中泰簽署《中泰兩國關於深化鐵路合作的諒解備忘錄》。十一月，李克強在參加中國—東歐十六國會晤的時候，與匈牙利和塞爾維亞達成協議合作建設連接貝爾格萊德和布達佩斯的匈塞鐵路，中羅決定在高鐵領域合作。高鐵外交成為新一屆中國政府經濟外交的亮點。

「高鐵外交」反映出，隨著中國經濟轉型，中國的對外出口由勞動密集型商品向技術和高附加值的技術和設備轉變。通過與相關國家進行高鐵合作，可以提升與有關國家的合作水平，提高互聯互通的質量，體現了經濟外交和傳統外交互相補充、互相促進的特點和作用。

開展文化外交

中華文明是世界古代文明中唯一始終沒有中斷、連續發展至今的文明，在對外文化交流方面有悠久的歷史和傳統：張騫（？-前 114）出使，玄奘（602-664）求法，鑑真（688-763）東渡，鄭和（1371-1433）下西洋等，在歷史上具有重要的意義。

「文化外交」指主權國家以維護本國文化利益及實現國家對外文化戰略目標為目的，在一定的對外文化政策指導下，藉助文化手段來進行的外交活動。這一概念的產生，反映了全球化背景下，國際文化交往從原來的低政治（low-politics）範疇到高政治（high-politics）範疇的轉變。

外交的目的是為了實現國家利益，首要的是維護國家的領土主權完整和國家安全。從這一點來說，文化外交的首要目的也是為了維護國家安全，其次是將由政府主導的對外文化交往作為國家對外政策的一部分，通過外交途徑促進文化交流，塑造一個有利於本國的良好形象，從整體上服務於國家的對外政策。

對外文化交流是中國對外關係中的重要組成部分。受冷戰格局影響，中國的對外文化交流一度主要限於與以蘇聯為首的社會主義國家及亞非拉

▲ 二〇一〇年上海世界博覽會，共有一百九十個國家、五十六個國際組織參展。圖為美輪美奐的中國館。

友好國家之間。一九六四年中法建交，一九六五年兩國政府簽訂了一九六五至一九六六年文化交流計劃。這是中國與西歐國家簽訂的第一個政府間文化交流計劃。一九八二年五屆全國人大五次會議把發展同各國文化交流的內容寫入憲法，為不斷擴展對外文化交流提供了法律上的保證。進入二十一世紀以來，文化發展戰略成為中國國家發展戰略的重要組成部分，文化外交被視為與政治外交、經濟外交有著同樣重要和不可替代的地位。中國政府大力推進對外文化交流，促進中國與世界各國人民的相互了解。

只有民族的才是世界的。在國內復興中國文化，保護文化遺產，鞏固

▲ 在美國華盛頓舉辦的中國文化節活動

中國傳統文化的根基，是在文化全球化條件下維護中國文化安全的最基本要求，是文化外交的基礎。近年來中國政府採取一系列措施支持文化公益事業，加強文化基礎設施建設，發展各類群眾文化活動，採取一系列舉措對傳統文化，特別是民族民間文化進行搶救、保護和創新。

中國文化的復興和發展，離不開吸收人類其他文明的優秀成果。中國在對外開放的過程中，吸納百家優長、兼集八方精義，以博大的胸懷吸收一切民族的優秀文化成果。在中國持續升溫的外語熱，以及頗受人們歡迎的意大利歌劇、美國百老匯音樂劇、俄羅斯芭蕾舞和大馬戲、德國交響樂、法國畫展等等，都是中國政府實行對外開放政策在文化領域的體現。

國內文化的保護和復興為對外推動文化外交提供了基礎。中國傳統文化已成為當代中國外交思想和理論的重要源泉。中國傳統文化中「和為貴」,「君子和而不同，小人同而不和」,「己所不欲，勿施於人」等思想，成為中國在國際上提倡各種文明相互間共處而不衝突、對話而不對抗、交流而不封閉、兼容而不排斥、互相學習、共同發展等思想主張的重要淵源之一。

從國家外交大局出發，拓展對外文化交流，是文化外交最直接的渠道和手段。中國政府主導下的對外文化交流，是近年來文化外交的亮點。截至二〇〇九年六月，中國已在世界八十二個國家設有九十六個使領館文化處（組），已同一百四十五個國家簽訂政府間文化合作協定和近八百個年度文化交流執行計劃，與上千個國際文化組織保持密切的合作關係。通過開展一系列有針對性的豐富多彩的文化活動，向世界介紹中國，形成一系列有影響的文化外宣品牌，面向海外推出的「春節」「國慶」「感知中國」等活動，已成為傳播中華文化的重要載體。其中通過與不同國家協議舉辦

▲ 通過孔子學院，世界上更多的人在學習、了解和傳播中國文化。

互惠的「文化節」「文化周」「文化季」「文化年」等活動，展現了中國文化的豐富內涵和魅力，增加了中國人民和其他國家人民對相互文化的了解，成為鞏固中國與相關國家友誼的重要途徑。

語言文字是文化的載體。隨著中國地位的提高，漢語已成為世界上一門重要的語言，目前國外學習漢語的人數已經超過三千萬人，大約一百個國家的各級各類教學機構都教授中文課程。中國開展對外漢語教學的高等院校目前已經達到三百三十多所。

通過建立孔子學院等方式，對外傳播中國文化，是推動世界了解中國的有效途徑。二〇〇四年第一所海外「孔子學院」在韓國漢城舉行掛牌儀式，到二〇一三年年底，全球已建立四百四十所孔子學院和六百四十六個孔子課堂，分佈在一百二十個國家（地區）。還有多個國家多個學校和機構目前已經提出申請設立孔子學院。通過孔子學院和孔子課堂，世界上更多的人在學習和了解中國文化。

孔子學院

孔子學院可謂中國政府開展文化外交的旗艦。其目的是致力於適應世界各國人民對漢語學習的需要，增進世界各國人民對中國語言文化的了解，加強中國與世界各國教育文化交流合作，發展中國與外國的友好關係，促進世界多元文化發展。主要任務包括：開展漢語教學；培訓漢語教師，提供漢語教學資源；開展漢語考試和漢語教師資格認證；提供中國教育、文化等信息諮詢；開展中外語言文化交流活動等。

中國政府積極創造條件，鼓勵民間文化交流，鼓勵文化企業通過符合國際慣例的市場運作走向世界，通過持續、深入的文化外交，增加與周邊國家的信任，增加與西方發達國家之間的了解，穩定、鞏固與發展中國家的傳統友誼，促進與尚未同中國建交國家的關係。文化外交已成為中國總體外交中的重要內容之一，並進一步豐富和充實著中國的總體外交。

落實外交為民，保護中國公民的合法權益

樹立「外交為民」思想，注重保護中國公民的合法權益，是中國外交落實和實踐科學發展觀，以及以人為本、執政為民思想的重要內容。

保護海外華僑的正當權益是中國憲法賦予外交部門的重要義務，是外交工作的重要組成部分，在外交業務上屬於保護領事範疇。中國政府重視

▲ 二〇一三年，中國公民出境總人數達九八一九萬人次，創下中國出境旅遊規模歷史新高。圖為眾多中國遊客在韓國濟州島觀光旅遊。

發展對外領事關係，主張通過平等對話、友好協商，妥善處理在領事關係中出現的問題，照顧彼此關係，維護各自國家和公民的利益，推動與各國在領事事務方面的交往，促進友好合作關係的發展。在實踐上，中國政府本著互利互惠、合作共贏的原則，以開放和務實的態度同有關國家和國際組織保持、發展密切的磋商和對話關係，就雙邊和多邊領事關係中共同關心和亟待解決的問題進行廣泛、深入的商談。

人員跨國境流動日益頻繁是全球化的一個重要體現。隨著全球化的發展和中國更深入地參與國際社會，越來越多的中國公民走出國門，或旅遊參觀，或投資經商，或留學深造，或勞務輸出。二〇一三年中國公民出境人數已達九八一九萬人次，共有二萬多家中國企業遍佈世界各地。這種變化成為中國與世界聯繫的重要紐帶，也是中國融入國際社會的重要表現。但隨著國際安全形勢複雜，非傳統安全威脅因素增加，中國公民和中資機構在海外遇到不測的幾率大幅度上升，領事保護案件呈常態化、群體化趨勢，政治性、敏感性增強。

中國外交以保護在海外的中國企業和中國公民的利益為職責。中國政府將國籍作為領事保護的條件，主張各國應根據國際法、雙邊條約以及有關國家法律許可的範圍，保護本國國家和公民的合法權益，同時強調各國應該保護外國公民，包括違反當地法律的外國公民享有上述法律規定應該享有的權利，特別是人道主義待遇，而不應該因為國籍、種族、宗教或其他政治、經濟等原因受到歧視或不公正待遇，任何國家不應該袒護本國公民的違法犯罪行為，贊同未建交國家間在領事保護方面進行合作。

在領事保護過程中，中國外交部門根據「預防為主、預防與處置並重」的原則，利用現代技術發佈預警信息。中國外交部網頁設有「領事新聞」和「赴部分國家和城市注意事項」，報導新近發生的領事保護案件，公佈《中國公民出境旅行文明行為指南》和《中國境外領事保護和服務指南》，更新旅行建議，發佈赴特定國家和地區旅行應該注意的事項，對到一些不安全地區旅行的公民提出警告性建議。

為了做好領事保護工作，中國政府完善和擴大了領事機構。早在一九五五年中國外交部就設立領事司，負責領事保護業務。隨著領事保護工作任務不斷增加，二〇〇七年外交部領事司將其下屬領事司領事保護處升格為領事保護中心，加大投入和人員配置，在中國二百四十多個駐外機構中有七十多個專門的領事機構，其主要任務就是保護在海外中國公民的利益。

為適應形勢變化的需要，中國涉外部門還專門設立了跨部門的協調機制和應急機制。一旦中國公民或法人在海外發生重大人員傷亡和財產損失，涉外部門立即組成應急小組，制訂工作方案，開通熱線電話，蒐集各方信息，保障信息暢通。近年來中國外交部門每年處理各類領事保護案件三萬多起，成為外交工作的重要內容和落實「外交為民」思想的重要體現。

利比亞撤僑

進入新世紀以來，中國政府外交部門每年都需要處理三萬多件領事保護事件，較大規模的行動達十七次，其中二〇一一年從利比亞撤僑是一九四九年新中國成立以來規模最大的一次從海外撤僑。

二〇一一年二月十五日，利比亞局勢逐漸惡化，並最終演變為內戰。在利比亞的三萬多名中國同胞的生命安全受到嚴重威脅。針對這一突發事件，中國國務院於二十二日成立應急指揮部，組織協調在利比亞的中國公民的撤離工作，以確保僑民的生命財產安全。外交部設計緊急旅行證件；中國政府動用大規模民航飛機，僱用他國郵輪，從海陸空三路並進，採用擺渡方式，在短短十天的時間內，從利比亞撤出三萬五千八百六十名中國公民，平均每天撤離近四千人，還幫助十二個國家撤出了約二千一百名外籍公民。

拓展軍事外交

傳統上有一種說法，稱「戰爭止，外交始」，意思是說軍事活動與外交活動是不能同時存在的。但實際上，軍事與外交始終是聯繫在一起的，在和平期間，軍隊之間的交往是增加互信、維護和平的最主要的手段之一。作為總體外交的一個重要組成部分，中國的軍事外交服從、服務於國家總體外交戰略，是增進中國與其他國家關係的重要紐帶。

中國人民解放軍的對外交往由來已久。新中國成立之初，在國家「一邊倒」外交戰略的背景下，中國的軍事外交也呈現出「一邊倒」的特徵，交流對象為蘇聯、東歐社會主義國家。二十世紀六七十年代，中國軍事外交的主要方式是通過提供軍事援助和培訓軍事幹部，援助和支持第三世界國家和人民的民族獨立和民族解放運動。

二十世紀八〇年代以來，隨著中國與西方世界關係的逐步改善，中國軍隊的對外交流不斷加強，軍事外交對象擴展到世界更多國家，涉及領域

▲ 二〇〇六年九月，中國海軍艦艇編隊對夏威夷珍珠港進行友好訪問。圖為中美兩軍將軍在宴會上交談。

更加豐富。一九九八年中國政府公佈《中國的國防》白皮書，首次把過去統稱的「中外軍事交往」改稱為「軍事外交」，並提出要發展全方位多層次的軍事外交。中國人民解放軍的對外交往，實現了由高層友好交往為主到多層次寬領域務實合作，由雙邊交往為主到雙邊與多邊並重，由一般性軍事專業交流為主到全方位對外交流的歷史性轉變。

中國的軍事外交貫徹獨立自主的和平外交政策和防禦性的國防政策，在和平共處五項原則的基礎上開展對外軍事交流，以拓展對外軍事關係、深化對外軍事合作為目的，包括以下幾個主要的方面：

第一，建立機制化的軍方溝通和聯繫機制。中國已與一百五十多個國家建立軍事關係，在一百零九個國家設立武官處，有九十八個國家在華設立武官處。

第二，開展高層軍事交流。軍方高層互訪是軍事外交的主要形式，也是增進軍方相互了解的主要方式。僅二○○七到二○○八年的兩年內，中國人民解放軍高級軍事代表團出訪四十多個國家，同時有六十多個國家的國防部長、總參謀長來華訪問。中國國家領導人重視軍事外交，經常會見來訪的外軍領導人，並在首腦外交中積極推動對外軍事關係。

第三，發展軍事培訓交流。中國政府積極派遣軍事學員走出國門，到國外學習，並接受外軍學員來華學習。僅二○○七到二○○八年的兩年內，中國人民解放軍向三十多個國家派出軍事留學生九百餘名，中國二十所軍隊院校分別與美國、俄羅斯、日本、巴基斯坦等二十多個國家的相應院校建立和保持了校際對口交流關係。

第四，建立形式多樣的安全合作對話機制。中國軍隊高度重視與有關國家的防務磋商和安全對話，迄今為止與美國、俄羅斯、日本、澳大利亞、英國、法國等二十二個國家建立了在安全防務上的磋商機制，還發展了同巴基斯坦、印度、蒙古、泰國、越南、菲律賓等周邊國家的軍事安全關係。

第五，推動和參與地區安全合作。一九九七年中國開始參加亞太地區唯一的官方安全對話與合作論壇——東盟地區論壇。二〇〇四年中國舉辦了首屆東盟地區論壇安全政策會議，填補了該論壇在高層國防官員對話領域上存在的空白。近年來，中國軍隊還先後參加了西太海軍論壇、香格里拉對話會等機制，在反恐、救災、維和、海上安全、邊界聯合巡邏等領域與其他國家開展了有效交流與合作。

第六，不斷提高軍事透明化程度。從一九九五年開始，中國政府每兩年發表一部《國防白皮書》，迄今已經發表七部國防白皮書，對外介紹中國的國防政策，以及中國國防和軍隊建設情況。此外，中國還參加聯合國軍費透明制度，多次就軍控與防擴散、航天政策等涉及安全領域的問題發表白皮書，及時闡釋中國在相關方面的政策。

第七，與外國軍隊舉行聯合軍演。二〇〇二年十月，中國與吉爾吉斯斯坦在兩國邊境地區舉行聯合反恐軍事演習，這是中國軍隊首次與外國軍隊聯合軍演。從二〇〇二年到二〇一二年的十年間，人民解放軍依據協議或約定與三十一個國家舉行了二十八次聯合演習、三十四次聯合訓練。此外，中方還邀請其他國家駐華軍事代表團和觀察員觀摩中國人民解放軍的軍事演習，加強了與外國軍隊的交流。

第八，全面、積極參與國際維和與國際援助行動。自一九九〇年中國人民解放軍首次派出軍事觀察員參加聯合國維和行動以來，至二〇一三年，人民解放軍共參加二十四項聯合國維和行動，累計派出維和軍事人員

▲ 二〇〇八年赴亞丁灣、索馬里海域執行護航任務的中國海軍艦艇編隊

二點二萬人次。此外，以中國軍人為主組成的中國國際救援隊，二〇〇二年以來已執行國際緊急人道主義援助任務三十六次，向二十七個受災國運送總價值超過十二點五億元人民幣的救援物資，先後十餘次向印度洋海嘯、美國「卡特里娜」颶風、南亞地震和菲律賓泥石流等受災國人民提供緊急救災援助。

第九，參與國際公海護航。根據聯合國安理會有關決議並經索馬里過渡聯邦政府同意，中國政府於二〇〇八年十二月二十六日派遣海軍艦艇編隊赴亞丁灣、索馬里海域實施護航。截至二〇一二年十二月，共派出十三批三十四艘次艦艇、二十八架次直升機、九百一十名特戰隊員，完成五百三十二批四千九百八十四艘中外船舶護航任務。

中國的軍事外交為創造良好的周邊環境，為構建和諧世界作出了重要的貢獻，其地位和作用將隨著中國的發展而更加突出。

發展公共外交

在經濟全球化和社會信息化持續發展的背景下，中國外交成為國內外公眾關注的焦點。由於所處的地位和看問題的角度不同，國內外公眾對中國的國力、國際地位和作用、外交政策的認識和解讀存在差異。處理好與公眾的關係、爭取公眾對中國外交理解和支持，成為當代外交工作的一個迫切任務。這部分外交被稱為公共外交，近年來越來越活躍。

二〇〇九年七月，中共中央總書記胡錦濤在第十一次駐外使節會議上論述了公共外交在中國外交工作中的重要地位和作用。他指出，公共外交是新形勢下完善中國外交佈局的客觀要求，外交工作的重要開拓方向。他還提出外交工作的任務就是要努力使中國在政治上更有影響力、經濟上更有競爭力、形象上更有親和力、道義上更有感召力。從此，公共外交在中國外交中的地位凸顯。

公共外交是對傳統外交的繼承和發展。中國官方認為，公共外交通常由一國政府主導，藉助各種傳播和交流手段，向國外公眾介紹本國國情和政策理念，向國內公眾介紹本國外交方針政策及相關舉措，旨在獲取國內外公眾的理解、認同和支持，爭取民心民意，樹立國家和政府的良好形象，營造有利的輿論環境，維護和促進國家根本利益。

公共外交概念在中國得以強調，反映出中國最高層對這一新的外交形式認識的變化。圍繞中國領導人出訪和出席多邊國際會議等契機，中國外交部統籌安排各項公共外交活動，通過讓領導人接受外媒專訪、與外國領導人共同會見記者、面對公眾發表演講，與不同行業和領域的專業人士舉辦餐會等，擴大與出訪國家公眾的接觸面和溝通，面對面地多角度闡釋中國的外交原則立場和政策主張。出訪的中國領導人以及中國駐外使領館的館長，在出訪國家或住在國家的主流媒體發表文章，藉助當地的新聞媒體闡述中國政府在特定問題或領域上的觀點，發出中國的聲音，增加對方公眾對中國外交的理解。

中國外交部的新聞發言制度日趨完善。從一九八三年每週只舉行一次新聞發佈會，不接受提問，到每週兩次，再到二〇一一年九月以後的每個工作日都舉行記者會。二〇一二年全年共舉行例行記者會近二百場，發言人答問三千餘條，為媒體獲取政府公開信息提供便利。圍繞高訪等重大外交工作，外交部還舉行專門的中外媒體吹風會，向中外媒體介紹有關出訪的背景、目標和中國政府立場，及時全面對外說明中國領導人訪問和與會活動情況。為外國記者在華工作提供協助和便利，幫助他們全面了解、客觀報導中國。

外交部成立了專門的公共外交機構，定期舉辦有關司局長與網民在線交流，舉辦「外交•大家談」網絡訪談，「藍廳論壇」以及開放外交部活動，邀請公眾走進外交部，為社會各界討論中國外交政策等共同關心的問題提供新渠道，拉近外交和民眾距離，聽取民意，吸收民智。二〇一二年，中國外交部還推動成立中國公共外交協會，組織社會資源和民間力量，推進中國公共外交研究，通過舉辦研討會等形式搭建外交部面向國內外政府高層、學術和工商界、媒體以及公眾的新平臺。

▲ 二〇一二年十二月三十一日，中國公共外交協會在北京舉行成立大會，前中國外交部長、現中國全國人大外事委員會主任委員李肇星當選為會長。

利用現代技術，建立門戶網站，充分發揮政府門戶網站作為信息公開第一平臺的作用是中國公共外交的另一個亮點。二〇一二年中國外交部門戶網站主動發佈信息超過十九萬條，提供消息稿八萬餘條。至二〇一三年，有二百三十四個駐外外交機構開通網站，提供有關中國外交的信息，外交部的有關司局也推出了「中歐信使」(歐洲司)、「直通阿非利加」(非洲司）等微博，形成外交微博群，有效擴大了新媒體覆蓋面。

外交部與國務院新聞辦出版《中國外交》年度白皮書和中國外交年度畫冊，系統闡述中國外交政策及中國對當前國際形勢的看法。從一九九一年中國國務院新聞辦發佈第一個關於中國人權狀況的白皮書至二〇一三年，國務院新聞辦與相關部門定期出版了八十八個相關領域的白皮書，介紹中國在這些領域的實際情況和工作，增進國際社會對中國的了解。

將新聞發言人制度普及化。到二〇一三年，國務院七十五個部門和三十一個省（區、市）以及全國人大常委會、全國政協、最高人民法院、最高人民檢察院等，以及黨中央十三個主要部門，都設立了新聞發言人。中國國防部二〇〇七年九月設立新聞發言人以來，已經形成了國防部例行發佈制度。

中國政府把公共外交看成是軟實力建設的重要載體，從戰略高度加大對公共外交的投入，加大外語溝通和傳播渠道的投入。公共外交逐漸成為中國外交工作新的增長點和著力點，在外交全局中的地位和作用進一步提升，重要性日益凸顯。

多層次的對外交往

首腦外交

首腦外交，指國家元首或政府首腦親自參與的外交活動。傳統上首腦外交的內容一般包括首腦訪問、首腦會晤、首腦通信通話、首腦派出特使或私人代表以及首腦個人對外政策聲明等。

一九四九年十月一日，毛澤東在《中華人民共和國中央人民政府公告》中向世界宣佈，「本政府為代表中華人民共和國全國人民的唯一合法政府。凡願遵守平等、互利及互相尊重領土主權等項原則的任何外國政府，本政府均願與之建立外交關係。」可以說，這是新中國的首次首腦外交，而新中國外交正是以首腦外交開始的。

由於種種原因，冷戰期間中國首腦外交並不活躍，首腦外交的方式比較單一，多侷限於發表聲明、談話，出訪或接受其他國家的來訪。二十世紀五六十年代，中國首腦外交的對象主要侷限於亞洲、非洲和歐洲一些與中國保持外交關係的國家。如毛澤東作為中央人民政府主席和中國共產黨的主席，一生總共出訪過兩次，兩次都是訪問蘇聯。

二十世紀八〇年代以來，快速發展的全球化使首腦外交的重要性日益凸顯：人類面臨問題的全球化要求不同國家領導人廣泛接觸，直接商談解決全球性問題的政策和方法；信息全球化時代的媒體使首腦外交特別是首腦出訪成為全球廣泛關注的焦點和熱點；首腦外交可以使國家最高領導人直接進行談判，更高效地解決雙方之間所面臨的問題。

適應形勢的發展，中國首腦外交日益活躍，熱線成為首腦溝通的常用

▲ 一九五〇年二月，毛澤東主席出訪蘇聯期間，中國和蘇聯在莫斯科簽署了《中蘇友好同盟互助條約》。

方式，雙邊和多邊的首腦會晤成為外交舞臺的重頭戲，特使出訪成為極為常見的外交活動。中國首腦出訪次數大幅增加，足跡遍佈亞洲、非洲、歐洲、大洋洲、北美洲和拉丁美洲六大洲，充分體現出穩中有升、連續不斷、全方位的特點。如江澤民從一九八九年擔任中共中央總書記到二〇〇二年辭去國家主席職務，其間共出訪七十多個國家。習近平擔任國家主席和李克強擔任國務院總理後不到一年的時間七次出訪，足跡遍及歐、亞、非、美等洲二十二個國家，接待六十多位外國國家元首和政府首腦來華。

首腦外交是最高的外交形式，往往是中國解決與有關國家間重要問題的途徑，在中國外交史上都是具有里程碑和標誌性的外交大事。如一九四九年底，新中國成立後不久，毛澤東主席就出訪蘇聯，次年初周恩來總理出訪蘇聯。中國國家元首和政府首腦在新政權成立後先後訪問蘇聯，是新中國成立初期「一邊倒」外交戰略的具體體現。在這次國家元首和政府首腦訪問中，中蘇簽訂了具有重要戰略意義的《中蘇友好同盟互助條約》。三十年後，中蘇關係再次走向正常化則是在中國領導人鄧小平與蘇聯領導人戈爾巴喬夫「結束過去，開闢未來」的會晤後實現的。蘇聯解體後，首腦外交使中蘇關係順利過渡到中俄關係，兩國領導人定期互訪機制，確保了中俄關係的逐步機制化。在習近平就任國家主席不到一年的時間內，中俄兩國首腦五次會面，反映了中俄關係的穩定程度。

首腦外交反映了中國與相關國家關係的狀況。中國領導人對美國的訪問是在中美建交以後才實現的；中美國家元首和政府首腦在二十世紀八〇

◀ 一九八九年五月，鄧小平在北京會見來訪的蘇聯最高蘇維埃主席團主席、蘇共中央總書記戈爾巴喬夫。

年代中期實現互訪，是中美雙邊關係平穩發展的體現。但一九八九年美國總統發表聲明，宣佈對中國採取一系列制裁措施，其後兩國首腦的互訪中斷了九年之久。當前中美兩國領導人的頻繁互訪，則從一個方面反映了中美關係的新狀況。僅二〇〇八年，中國國家主席胡錦濤和布什總統就四次會面、十次通信、四次通話。習近平就任國家主席前不到五年的時間裡，與美國總統奧巴馬有過九次「交談」，包括面對面、通電話、寫書信、派特別代表，保證新一屆政府組成後兩國關係的穩定性。二〇一三年六月雙方在加利福尼亞州的安納伯格莊園會晤，兩天兩次面對面交流超過八小時，就雙邊關係進行了廣泛的溝通。首腦外交不僅是中美關係穩定發展的象徵，也為中美關係加強和進一步穩定發展創造了條件，成為中美關係的「壓艙石」。

中日首腦外交同樣反映了中日關係的狀況。一九七九至一九九一年，中國國家元首和政府首腦等主要領導人先後五次訪問日本。但是，由於二十一世紀初期日本領導人在歷史問題上堅持錯誤立場，中國中斷了雙方之間的高層互訪，兩國關係陷入了「政冷經熱」的局面。直至日本新領導人改變了在歷史問題上的錯誤立場，雙方領導人的互訪才得以重新實現。從二〇〇六年日本首相安倍晉三對中國的「破冰之旅」，到中國總理溫家寶二〇〇七年四月對日本的「融冰之旅」，再到二〇〇七年十二月日本首相福田康夫對中國的「迎春之旅」，直至二〇〇八年五月中國國家主席胡錦濤對日本的「暖春之旅」，標誌著中日關係已經回到了正軌，且不斷改善。二〇一二年以來，日本對中國領土釣魚島的「國有化」導致了中日關係的惡化，在中國與周邊國家高層互訪不斷的情況下，中日首腦至今無法見面，不僅反映了中日關係的狀況，影響中日關係的發展，對東亞地區的合作也產生了消極的影響。

首腦外交已成為促進雙邊關係的重要推動力。以最引人注目的首腦出訪為例，每次首腦出訪都有龐大的經濟、文化等專業代表團隨行，在訪問行程中簽署大量包括政治、安全、經貿、能源、教育、衛生、文化、旅遊等領域的合作協議。訪問之後對協定的執行是落實首腦出訪成果的重要形式，也會進一步推動和深化雙邊合作。通過首腦互訪建立起來的領導人之間的個人關係，是加強兩國關係的重要紐帶，可以促進國家間關係的長期發展，增進雙方之間的相互了解。

多邊首腦外交是當前世界首腦外交的重要形式，也是中國首腦外交的集中體現。為了解決發展、環境等全球面臨的共同問題，在聯合國框架下

▲ 二〇一四年二月十九日，中國國家主席習近平與巴基斯坦總統侯賽因出席中巴雙邊合作文件簽字儀式。

召開了多次全球高峰會議；為探討解決全球經濟問題，應對經濟危機，西方八國集團和主要發展中國家領導人峰會，以及二十國集團領導人峰會基本上已成為慣例；在其他地區和跨地區的多邊機制內，如上海合作組織、東盟與中日韓對話會議、亞太經合組織、亞歐會議等也召開了多次領導人峰會。中國國家元首或政府首腦作為最大的發展中國家的領導人，積極參加這些多邊峰會，闡述中國主張，提出建設性意見，為相關問題的解決貢獻中國的智慧。

議會外交

議會是國家的立法機構，在國家政治生活中具有重要地位和作用。各國立法機構的交往是國家對外關係的重要組成部分，對增進不同國家之間人民相互了解和友誼、促進國家關係發展起著不可替代的作用。

全國人民代表大會是中華人民共和國的立法機構，也是中國的最高權力機構。全國人民代表大會及其常務委員會的對外交往，在中國社會發展的各個歷史時期都發揮了重要作用。改革開放後，全國人大與廣大亞、非、拉地區的發展中國家議會的關係不斷深化，與西方國家議會的關係得到顯著改善，越來越多地參與國際上多邊議會外交活動，形成了全方位、多層次的議會對外交往格局，成為中國總體外交的重要組成部分。

近年來，中國全國人大的對外交往工作不斷發展。首先，與外國議會之間的多層次互訪不斷增多。二〇〇三至二〇〇八年，全國人大常委會委員長吳邦國先後十次出訪，委員長會議組成人員出訪達五十八次，足跡遍佈五大洲。同期，一〇九位外國議長、副議長應邀訪華。

其次，中國全國人大與外國議會之間建立了不少定期交流機制。從一

▲ 二〇〇八年六月，第五屆亞歐議會夥伴會議在北京召開。

九八一年中國全國人大與歐洲議會建立交流機制開始，到二〇一三年，中國全國人大與包括美國參眾兩院、俄羅斯聯邦委員會和國家杜馬、日本眾參兩院、韓國國會、印度人民院、澳大利亞眾議院、加拿大議會、英國議會、德國聯邦議院、法國參議院、意大利眾議院、南非國民議會、埃及人民議會、巴西眾議院等十四個國家的議會及歐洲議會實現了機制化交流，與一百七十八個國家建立了議會之間的聯繫，成立一百零六個雙邊議會友好小組，加入十五個多邊議會組織，成為五個多邊議會組織觀察員。

第三，開展與地區性、國際性議會組織的合作，參與議會間的多邊事務。截至二〇一三年，中國全國人大參加了世界議長大會、各國議會聯盟、亞洲議會大會、亞太議會論壇、拉美議會、東盟各國議會間大會、太平洋島國論壇議長會議、亞歐議會夥伴會議等十多個國際議會組織，成為三個地區議會組織的觀察員。二〇〇四年中國作為東道主在北京主持召開了亞太議會論壇第十二屆年會，二〇〇八年全國人大又成功主辦了第五屆亞歐議會夥伴會議。

議會外交以其自身的優勢和特點，推動對外交流，促進經貿合作，服務國內建設，取得了豐碩成果，在國家總體外交大局中扮演著越來越重要的角色。

政黨外交

中國共產黨是中國的執政黨，中共中央對外聯絡部是中國共產黨中央委員會負責對外工作的職能部門。作為中國的執政黨，中國共產黨的對外交往在中國總體外交中占有重要的地位，是中國對外關係重要的組成部分。

中國共產黨的對外交往或政黨外交的目的，在於有效服務於國家總體外交。根據特定時期黨的工作需要、國家外交任務的調整和國際形勢的發展變化，中國共產黨長期黨際交往的對象和形式也在經歷變化。中國共產黨成立初期是共產國際的一個支部。新中國成立之初到二十世紀六〇年代，交往對象主要是各社會主義國家共產黨、工人黨及其他國家共產黨和進步力量。

一九八二年中共十二大在總結中國共產黨對外交往經驗教訓的基礎上，把黨的對外交往放在中國對外關係的全局之中謀劃，又將黨的關係與國家關係分開，提出了按照獨立自主、完全平等、互相尊重、互不干涉內部事務的原則，同世界上一切願意與中國共產黨交流的政黨建立起多種形式的接觸、交流和合作關係，從各國共產黨及其他左翼政黨擴大到發展中國家的民族民主政黨、發達國家的社會黨、工黨、保守黨等各種意識形態和性質的政黨及其國際組織等。中國共產黨已同世界上一百六十多個國家和地區的六百多個政黨與政治組織，包括執政黨、參政黨、合法在野黨、政黨國際組織和地區政黨開展廣泛交流與合作。

在這個過程中，中國共產黨對外關係的任務也在經歷變化。從新中國成立初期的加強與世界各國共產黨、工人黨之間的聯繫，爭取國內建設所需要的國際支持和援助，到改革開放後多層次的交往。今天中國共產黨與國際上其他黨派交往的內容，既商談促進國家關係的新途徑，也探討加強黨建的新方法；既有政治對話，也有經濟文化交流；既有參觀考察，也有理論探討；既交流治國理政、興國安邦之策，也研討國際和地區問題的解

▲ 二〇一三年四月，第四屆中歐政黨高層論壇在江蘇蘇州召開。

決之道。政黨外交成為促進中國對外關係發展的重要途徑。

冷戰結束以來，各種政治力量分化組合，不同立場和政治主張的政黨在國際上更加活躍。適應國際形勢的變化和發展，中國共產黨與國際上更多的政黨建立聯繫，交往對象不斷增加，交往級別不斷提升，交往內容不斷豐富，交往領域不斷擴大，形成了全方位、多渠道、寬領域、深層次的新格局。

此外，中國還積極參與多邊政黨交往活動。繼二〇〇〇年和二〇〇二年參加第一屆和第二屆亞洲政黨國際會議後，中國共產黨於二〇〇四年在北京主辦了第三屆亞洲政黨國際會議。中歐建交三十五週年之際，在中國共產黨的倡議下於二〇一〇年召開了首次中歐政黨高層論壇，隨後在二〇一一年、二〇一二年和二〇一三年又連續召開了三屆。二〇一〇年、二〇一一和二〇一三年召開了三屆亞洲政黨專題會議，推動了新時期中國共產黨與亞洲各國政黨之間的相互了解。

中國共產黨的對外交往，鞏固和加強了中國同社會主義國家執政黨的關係，豐富和發展了與廣大發展中國家政黨交往的形式和內涵，加強和深化了與發達國家主流政黨的聯繫，通過與尚未同中國建交國家政黨的聯繫和交往，推動了相互之間的了解，為與這些國家最終實現外交關係正常化創造了條件。

開展民間外交，促進相互了解

民間外交，是區別於官方外交的民間國際交往，通俗地說就是交友外交，也稱人民對人民的外交（People to People Diplomacy）。民間外交著眼於建立人民之間的信任和理解，注重相互溝通，強調超越現實的政治經濟利益而建立互動式的友誼，是促進不同國家間相互聯繫和了解的重要渠道，其重要地位在全球化背景下尤其明顯。

中國在開展對外交往過程中，重視民間外交，提出外交著眼於人民、寄希望於人民、立足於人民。在新中國成立初期的特殊國際環境下，民間外交在增進中日人民之間了解、改善中日關係、促進中日外交關係正常化方面發揮了「以經促政、以民促官」的作用，推動了中日外交關係的建立，在中國對外關係史上具有重要的地位。

為促進中國與世界的了解，打開中國對外交往的大門，新中國建國不久就成立了中國人民保衛世界和平大會（1972 年與對外友協合併）和中國人民外交學會。為推動中外經濟貿易合作，一九五二年又成立了中國國際貿易促進委員會。一九五四年這些組織與中華全國總工會、全國婦聯等十餘個民間組織成立了中國人民對外文化協會，一九六九年改稱中國人民對外友好協會（簡稱對外友協），以民間身分增進人民友誼、推動國際合作、維護世界和平，在國際民間舞臺上廣泛交友，形成了民間外交的傳統。

改革開放後，尤其是進入二十一世紀以來，對外友協作為開展民間外交的主要機構，緊緊圍繞國內國際兩個大局，確立了以對美、俄、日以及歐盟等大國（大國集團）和周邊鄰國開展民間合作為著力點，以對廣大發展中國家開展民間外交為立足點，以對國際非政府組織開展多邊外交為拓展點，努力做好未建交國家的工作的指導方針，很好地服務於外交為中國國內經濟建設創造良好的國際環境和周邊環境的目標。例如在二十一世紀初期中日關係遇到困難時，對外友協與中日雙方十七個友好團體於二〇〇一年在北京集會，發表了《新世紀中日民間友好宣言》。二〇〇五年對外

▲ 二〇一二年中國國際友好城市大會於二〇一二年九月在四川成都召開。

友協又在日本東京舉行由兩國六十個友好團體參加的集會，共同發表了《和平與睦鄰友好呼籲書》，在兩國首腦交往一度中斷的情況下，保持了兩國關係的穩定。

國際友好城市活動是民間外交的主渠道和重要形式。隨著中國現代化進程的發展，城市化進程突飛猛進，城市和其他地方政府的對外交往成為中國融入國際社會的重要途徑和加強中外聯繫的重要紐帶之一。從一九七三年中國天津市率先與日本神戶市結為友好城市，到二〇一三年底，中國有三十個省、自治區、直轄市（不包括臺灣省及港、澳特別行政區）和四百三十三個城市與五大洲一百三十三個國家的四百六十三個省（州、縣、大區、道等）和一千四百二十三個城市建立了二千零八十三對友好城市

（省州）關係。

中國對外友協在一九九二年發起成立中國國際友好城市聯合會，並於一九九九年加入了地方政府國際聯盟。中國作為東道主分別在二〇〇八年、二〇一〇年和二〇一二年舉辦了三次國際友好城市大會，城市之間的合作，由雙邊向多邊發展，從人員交流出發，逐漸涵蓋政治、經濟、文化、社會等所有領域，加強了中國與世界在經濟、文化、教育、科技、城市建設等許多方面的交流與合作。

成立雙邊友好協會，推動雙邊友好是民間外交的重要方式之一。一九四九年十月新中國成立了第一個國別友協，即中蘇友好協會全國總會（簡稱中蘇友協，1992 年改稱中俄友協）。一九六三年為適應對日本開展民間友好工作的需要，成立了中日友協。這兩個友協在促進中蘇（俄）、中日關係中發揮了重要作用。截至二〇一三年，共成立了中國歐盟協會、中國

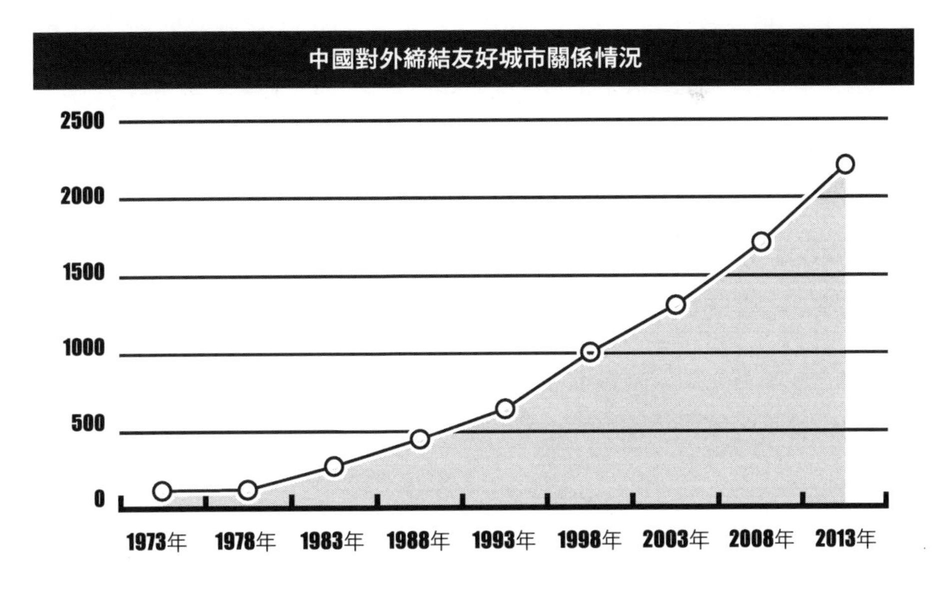

阿拉伯國家友好協會、中國東盟協會、中國中亞友好協會、中國美國友好協會等四十六個中外地區、國別友好協會，與世界上一百五十七個國家的近五百個民間團體和組織機構建立了友好合作關係。通過開展中外民間友好交往，組織代表團互訪，倡議和主辦研討會、洽談會、論壇等交流活動，建立交流機制，搭建合作平臺，增進與各國人民之間的相互了解，建立信任，發展友誼，形成了一個獨特的民間外交網絡，為民間外交工作注入了極大的活力。

在中華人民共和國的外交史上，民間外交發揮了不可取代的作用，占有重要地位。如今，民間外交繼續發揮作用，增進中國人民與世界各國人民的友誼，推動和促進中國與世界各國經濟、文化的交流和合作，成為中國融入世界的重要體現。

全球化國際形勢對當代外交的挑戰是前所未有的。中國在應對這一挑戰的同時，看到了其中所蘊藏的機遇，積極應對，提出了「總體外交」的概念，旨在強調對外關係中的大局意識和全局意識。其核心仍然是為了給中國的國內經濟建設創造一個良好的國際環境，為了維護世界和平，促進共同發展，為了建設一個和平、繁榮的和諧世界。

結語

中華人民共和國成立已經六十四週年，新中國外交也走過了六十四年的歷程。

這六十四年可以劃分為新中國成立後的三十年和一九七八年改革開放以來的三十四年。前三十年中國外交的主要任務是反對大國威脅、鞏固獨立、維護主權和領土完整；後三十四年的主要任務則是適應形勢的發展和變化，為國內經濟建設創造良好的國際環境和周邊環境，促進中國的發展。

中國外交經歷的這前後兩個三十年既有明顯的聯繫，又各有顯著的階段性特點。前三十年中國外交在鞏固政權、維護獨立方面取得了巨大的成就：斷絕了與舊中國屈辱外交的聯繫，在平等互利的基礎上與世界各國建立起了新型的外交關係，在國際舞臺上贏得平等與尊嚴；維護和鞏固了國家的獨立，實現外交上的自主，保障了國家安全和領土完整；與大多數鄰國通過和平談判解決了歷史遺留的邊界問題，改善了與周邊國家的關係，形成總體穩定的周邊環境；與廣大發展中國家互相支持，建立和形成了牢固的傳統友誼；創建了新型的外交隊伍，使獨立自主的外交有了組織上的保證。

一九七八年召開的中共十一屆三中全會開啟了中國改革開放的歷史新時期，中國外交也 進入新的歷史階段。中國外交高舉和平發展的大旗，承前啟後，取得了更大的成就。

首先，中國外交為中國國內經濟建設創造了良好的國際和周邊環境，確保中國經濟持續高速和穩定的發展。中國的國內生產總值從一九七八年的 3645 多億元人民幣增加至二〇一三年的 56.8845 萬億元，中國經濟對世界經濟增長的貢獻率已超過百分之十。中國的國力已今非昔比。

其次，積極融入國際社會，與外部世界形成了良性互動。三十多年來，中國參加了一百多個政府間國際組織，簽署了三百多項國際公約，參與二十四項聯合國維和行動，累計派出維和人員上萬人次，成為國際體系的重要成員。在融入國際經濟體系的過程中，中國順應全球化趨勢，積極參與國際社會活動，堅持以發展中國家身分，按照權利和義務平衡的原則，最大限度地維護和促進中國和其他發展中國家的利益，同時中國也與不同國際組織協商、合作，增強了對國際社會的適應能力。

第三，中國在國際事務中主持國際公道，國際地位不斷提高。在解決全球性問題和處理地區衝突問題上，中國堅持和平談判、外交磋商；在解決全球氣候變化、公共衛生等問題上，中國積極承擔相應國際義務，履行自己的承諾，這些都得到國際社會的充分肯定。三十多年來中國為世界和平與發展所作的貢獻，大於歷史上的任何時期，中國的國際形象也好於以往任何時期。

第四，中國外交戰線日益擴展，形成了全方位的良好對外關係格局。目前與中國建交的國家共有一百七十二個。在發展與西方發達國家關係過程中，中國秉持超越社會制度和意識形態差異發展國家關係的原則，求同存異，堅持對話，不搞對抗，妥善處理分歧和爭端，擴大利益匯合點，建立了不同類型的戰略夥伴關係與合作關係，形成了外交關係全面發展的良好局面。在平等協商和互諒互讓的原則下，中國與十四個鄰邦中的十二個簽訂了邊界協定或條約，使二點二萬多公里陸地邊界中的百分之九十得到劃定，對尚存的難題則根據「擱置爭議」的原則達成臨時協議，營造了一個和平穩定、平等互信、合作共贏的周邊環境，創造了中國與周邊國家關係的歷史最好時期。在與發展中國家的關係中，中國進一步強調推動與廣大發展中國家的團結與合作，除繼續向一些發展中國家提供力所能及的援助外，根據「平等互利，講求實效，形式多樣，共同發展」的原則，不斷拓寬合作領域，探討新的合作方式，提高了合作效益。

在新的國際國內形勢下，中國在對外工作中統籌國內發展和對外開放，倡導總體外交，推進安全外交、經濟外交、人文外交，發展與各國經濟合作，推動文明對話與交流，增進國際社會對中國的認識和了解。

經過六十多年的風風雨雨，中國外交積累了豐富的經驗。中國認識到，中國的發展離不開世界，世界的繁榮穩定也離不開中國；中國的前途命運日益緊密地同世界的前途命運聯繫在一起。中國承諾：不管國際風雲如何變幻，中國政府和人民都將高舉和平、發展、合作旗幟，奉行獨立自主的和平外交政策，維護國家主權、安全和發展利益，恪守維護世界和平、促進共同發展的外交政策宗旨；繼續以自己的發展促進地區和世界共同發展，擴大同各方利益的匯合點，在實現本國發展的同時兼顧對方特別是發展中國家的正當關切；繼續按照通行的國際經貿規則，擴大市場准入，依法保護合作者權益；支持國際社會幫助發展中國家增強自主發展能力、改善民生，縮小南北差距；支持完善國際貿易和金融體制，推進貿易和投資自由化便利化，通過磋商協作妥善處理經貿摩擦。

回顧六十多年的歷程，中國的國內外環境都經歷了翻天覆地的變化：中國的國力今非昔比，在國際上地位大有提高，中國人民的生活水平顯著改善，中國對世界的貢獻日益增加，中國與世界的關係形成了良性互動。在這些成就取得的過程中，中國外交功不可沒。

展望未來，中國外交已經站到一個新的高度，新的起點。中國外交的舞臺更廣，責任更大，人們的關注更多，期待更高。實現中華民族偉大復興的中國夢，維護世界的和平，中國外交任重道遠。展望未來，中國外交大有可為。

新社會主義研究叢刊 AA201002

當代中國外交

作　　者　張清敏
責任編輯　陳胤慧
版權策畫　李煥芹

發 行 人　陳滿銘
總 經 理　梁錦興
總 編 輯　陳滿銘
副總編輯　張晏瑞
編 輯 所　萬卷樓圖書股份有限公司
排　　版　菩薩蠻數位文化有限公司
印　　刷　維中科技有限公司
封面設計　菩薩蠻數位文化有限公司

出　　版　昌明文化有限公司
桃園市龜山區中原街 32 號
電話 (02)23216565
發　　行　萬卷樓圖書股份有限公司
臺北市羅斯福路二段 41 號 6 樓之 3
電話 (02)23216565
傳真 (02)23218698
電郵 SERVICE@WANJUAN.COM.TW
大陸經銷
廈門外圖臺灣書店有限公司
電郵 JKB188@188.COM

ISBN 978-986-496-428-4
2019 年 3 月初版
定價：新臺幣 280 元

如何購買本書：
1. 轉帳購書，請透過以下帳戶
合作金庫銀行 古亭分行
戶名：萬卷樓圖書股份有限公司
帳號：0877717092596
2. 網路購書，請透過萬卷樓網站
網址 WWW.WANJUAN.COM.TW
大量購書，請直接聯繫我們，將有專人為您服務。客服：(02)23216565 分機 610
如有缺頁、破損或裝訂錯誤，請寄回更換

國家圖書館出版品預行編目資料

當代中國外交 / 張清敏著. -- 初版. -- 桃園市 : 昌明文化出版 ; 臺北市 : 萬卷樓發行, 2019.03
冊；　公分
ISBN 978-986-496-428-4 (平裝)

1.中國外交

574.18　108003029